Eglacy C. Sophia

MANUAL DOS **PROBLEMAS AMOROSOS-SEXUAIS**

Guia teórico-prático de **diagnósticos clínicos** e **estratégias psicoterapêuticas**

Eglacy C. Sophia

MANUAL DOS **PROBLEMAS AMOROSOS-SEXUAIS**

Guia teórico-prático de **diagnósticos clínicos** e **estratégias psicoterapêuticas**

A todos os meus amores,
Que ajudaram a me edificar,
Para construir esse Manual,
Meus pais e irmãos,
Minha filha,
Meus professores,
Meus pacientes,
Meus alunos,
Minha gratidão.

Manual dos problemas amorosos-sexuais: guia teórico-prático de diagnósticos clínicos e estratégicas psicoterapêuticas

DIRETOR
Alcebino Santana

DIREÇÃO DE ARTE
Tiago Rabello

REVISÃO
Débora Andresa Zacharias

CAPA
Rubens Lima

PROJETO GRÁFICO
E DIAGRAMAÇÃO
Letícia Ribeiro Ianhez

Catalogação na publicação
Elaborada por Bibliotecária Janaina Ramos – CRB-8/9166

S712m

Sophia, Eglacy Cristina

Manual dos problemas amorosos-sexuais: guia teórico-prático de diagnósticos clínicos e estratégias psicoterapêuticas / Eglacy Cristina Sophia; Prefácio de Oswaldo M. Rodrigues Jr. – Belo Horizonte: Artesã, 2025.

192.; 17 X 24 cm

ISBN 978-85-7074-144-8

1. Amor 2. Diagnóstico diferencial. 3. Sexologia 4. Psicoterapia. I. Sophia, Eglacy Cristina. II. Rodrigues Jr., Oswaldo M. (Prefácio). III. Título.

CDD 616.8582

Índice para catálogo sistemático

I. Psicologia

IMPRESSO NO BRASIL
Printed in Brazil

(31)2511-2040 (31)99403-2227
www.artesaeditora.com.br
Rua Rio Pomba 455, Carlos Prates – Cep: 30720-290 | Belo Horizonte – MG
/artesaeditora

SUMÁRIO

PREFÁCIO

A psicologia tem peculiaridades interessantes ao cuidar e atentar para os relacionamentos humanos. Um tema de importância para esses relacionamentos é a interface sexo-amor, algo sempre apontado e discutido como importante.

As emoções humanas aparecem como reações do organismo para que administremos a realidade, mas o que pareceria natural, biologicamente produzido... nem sempre será assim.

Esse é o campo em que a autora desta obra, a Dra. Eglacy atua e dirige suas atenções no ambiente clínico da psicologia.

E é neste campo que devemos produzir compreensões de como nossas emoções podem nos facilitar a vida ou quando elas nos atrapalham.

Precisamos destes diálogos em nossas vidas.

Eu escrevo já indicando que todos deveríamos ter passado por esse debate de compreensões antes mesmo de iniciar relacionamentos afetivos de modo social, como namoros.

Este livro tem várias características de importância para o relacionamento de casais.

Apontar, descrever, debater o amor, o ciúme, a dependência emocional são um início importante. Então diferenciar esses estados emocionais e afetivos de condições que se associam a problemas, a dificuldades de relacionamento passa a ser a função que esta obra tem de auxiliar as pessoas.

Mas também ocorre outro fator descrito pela autora: compreender que algumas expressões emocionais problemáticas advêm de outros fatores, os de personalidade e a padronização que cada um de nós tem e que, em si, já são problemáticos.

A valorização do erótico pode ser problemática, e não podemos escapar deste debate, o que também será demonstrado pela Dra. Eglacy! Afinal, o que consideramos importante e positivo também pode ser um problema para outras pessoas, mesmo que não o seja para nós, individualmente.

Então temos as questões de casais, as formas e dinâmicas que os relacionamentos a dois produzem, incluindo os graves problemas que são debatidos nas últimas décadas, e ainda não sabemos, enquanto cultura, como administrar melhor: as violências domésticas... e os relacionamentos abusivos e problemáticos.

Ao final, percebemos uma função da psicologia em nossa cultura: facilitar e melhorar a interação entre todos nós! O "amor saudável" precisa ser debatido, compreendido, buscado enquanto solução de problemas de relacionamento e das dificuldades individuais que exigem ser mitigadas.

Seguramente, este é um dos livros que considero estar entre os melhores a serem propagados este ano, esta década.

Meus agradecimentos sinceros à autora por permitir que futuros leitores busquem viver melhor suas vidas!

Oswaldo M. Rodrigues Jr.
Psicoterapeuta sexual e de casais do InPaSex – Instituto Paulista de Sexualidade.
Vice-Presidente da ALAMOC – Associação Latino-americana de Análise e Modificação do Comportamento e Terapia Cognitivo-Comportamental.

INTRODUÇÃO

Imagine um relacionamento que começa com a promessa de felicidade e parceria, mas, rapidamente, transforma-se em um campo de batalha emocional. Já se perguntou como dois indivíduos apaixonados podem se perder em um ciclo de sofrimento, ciúme e dependência? Essa é a realidade para muitos pacientes e entender como superar esses problemas amorosos-sexuais pode ser a chave para contribuirmos para uma forma de amar saudável e satisfatória.

Relacionamentos amorosos são uma parte essencial da nossa vida, moldando nossa felicidade, nosso bem-estar e nossa saúde mental. No entanto, problemas complexos como amor patológico, ciúme patológico, dependência emocional, transtorno de personalidade dependente, codependência emocional, além da grave violência doméstica, podem transformar esses laços vitais em fontes de medo, culpa, estresse, transtornos mentais e até mesmo em risco de suicídio para portadores, parceiros e outros familiares.

Ao longo dos anos, trabalhando como pesquisadora, psicoterapeuta individual e de casais, observo de perto como esses desafios podem prejudicar indivíduos, casais e gerações futuras, que costumam internalizar e repetir maneiras patológicas de se relacionar. Minha experiência atesta que compreender e manejar esses problemas, frequentes em nossos consultórios e ambulatórios, não é apenas necessário, mas vital para a construção de relacionamentos saudáveis e satisfatórios. Apesar disso, estudos com rigor metodológico ainda são escassos em nosso país e a confusão entre os termos vem atrapalhando o profissional da área da saúde mental a compreender e diferenciar os quadros, o que é fundamental para o tratamento efetivo de cada caso. O objetivo deste Manual é preencher essa lacuna de informações.

Sou a Dra. Eglacy Sophia, pioneira no estudo sobre amor e ciúme patológicos no Brasil, coordenando entre 2004 e 2014 o primeiro ambulatório de pesquisa e tratamento destes problemas em hospital escola, no Setor de Amor e Ciúme patológicos do Ambulatório dos Transtornos do Impulso (AMITI), no Instituto de Psiquiatria do Hospital das Clínicas, da Faculdade de Medicina da USP (FMUSP). Com mais do que 25 anos de experiência clínica, venho me especializando em pesquisa, em ensino e em psicoterapia específica para estes quadros, ajudando indivíduos e casais a superarem suas dificuldades emocionais e relacionais. Com base em minha formação e prática clínica, reuni teorias, manejos e *insights* para fornecer este Manual teórico e prático para a reabilitação dos diferentes problemas individuais e relacionais que impedem grande parte da nossa população de vivenciar um relacionamento saudável e satisfatório.

Se você é psicólogo, psiquiatra, ginecologista, sexólogo, estudante em qualquer área de saúde física, mental ou educacional e está pronto para compreender e auxiliar — a pacientes ou a si próprio — a enfrentar os complexos desafios dos problemas amorosos-sexuais e a buscar um caminho para a recuperação, este livro é para você. Prepare-se para participar de forma ativa e reflexiva em uma jornada de exploração e transformação das dinâmicas e das neuroses relacionais, onde cada Capítulo deixa você um passo mais perto da compreensão teórica e do êxito na atuação clínica.

Para facilitar a compreensão, optamos por ser didáticos: nos Capítulos iniciais, estudamos cada problema amoroso-sexual em separado, entendendo as semelhanças e os diferenciais clínicos entre cada um para, com esta base, partirmos para o necessário aprendizado sobre relacionamentos abusivos e tóxicos, sobre relacionamentos não tradicionais e sobre violência doméstica. No último Capítulo, ufa..., chega de problemas, fechamos com uma proposta de amor saudável!

1

AMOR PATOLÓGICO: FICA COMIGO!

Quem ama extremamente deixa de viver em si e vive no que ama.
(Platão)

Conceituação preliminar

Em *The Symposium* (traduzido como O Banquete), o primeiro tratado que ouvimos falar sobre amor, Platão[1] (428-347 a.C.) conta que Aristófanes explica o que é amor descrevendo o mito do Andrógino, que são seres esféricos, dotados de duas cabeças, dois braços, duas genitálias e quatro pernas. Esses humanóides seriam o produto da união de dois seres que vagavam a ermo, deprimidos, em busca de sua metade. Ao se juntar, se sentem poderosos, mas acabam morrendo sem poder respirar e se reproduzir, ameaçando a continuidade da espécie. Esse mito introduz um conceito fundamental da psicopatologia do amor: o amor complementar, no qual um parceiro necessita do outro para sobreviver, entrando em desespero sob qualquer ameaça (física ou emocional) de falta do outro, sentida por ele como abandono e morte.

A necessidade de estar colado ao outro, identificada e nomeada por Freud como vínculo simbiótico, é vivenciada por todo ser humano em nossa relação inicial mãe-bebê, porém termina em breve espaço de tempo. Mesmo assim, pode ser obsessivamente perseguida por alguns adultos, que idealizam reviver a completude infantil, em tempos em que a sensação de falta não existia.

Alguns estudiosos descrevem o amor patológico — o comportamento de prestar atenção e afeto à parceria de modo excessivo e sem controle, em um relacionamento amoroso-sexual[2] — com termos diferentes, como: Amor Possessivo[1], amor patológico[2,3], *Love Addiction*[4], Amor Obsessivo[5] etc. Nós optamos pela denominação amor patológico — desde o início de nossos estudos, em 2004, e o mantemos até hoje — por ser o mais isento possível, já que somos pioneiros em pesquisar o tema no Setor de Amor e Ciúme patológicos do Ambulatório dos Transtornos do Impulso (PRO-AMITI), no Instituto de Psiquiatria da USP (e no Brasil). Na sequencia, o termo amor patológico (em inglês, *Pathological Love*)[6], passa a ser usado por outros estudiosos do nosso e de outros países.

Estudo de um caso clínico

Um dos casos mais interessantes que recebemos para tratamento no PRO-AMITI, foi o caso Regiane (nome fictício usado para proteção de identidade), rapidamente citado como ilustração em minha dissertação de mestrado[7] e que, neste Manual, poderemos aprofundar. Regiane era irmã de outro paciente em tratamento para jogo patológico, que a fez refletir sobre o seu problema quando ele lhe dá um aviso: "Se eu tenho problema com jogo, você também deveria buscar tratamento, porque não consegue largar desse cara (se referindo ao ex-marido dela)".

Diagnóstico

Regiane, 42 anos, passa por entrevista para avaliação diagnóstica com psicóloga especialista, a qual conclui que a paciente preenche os critérios para amor patológico. Além disso, apresenta depressão, conforme avaliação psiquiátrica.

Histórico

A paciente pede ajuda por se sentir dependente de um homem há 20 anos. Apesar de nunca terem morado juntos, ela refere estar insatisfeita com a infidelidade dele, com a falta de cuidados dele para com a filha do casal e com o distanciamento físico e afetivo dele. Eles se conheceram quando ela tinha 14 anos, engravidou aos 16 e abortou. Ele a abandou e voltaram quando ela tinha 24. Dois anos depois, ela engravidou novamente, gerando uma menina. Novamente, o parceiro a abandonou e eles voltaram a ter contato quando ela tinha 33 anos, devido ao processo de pensão movido por ela na tentativa e mantê-lo por perto. Posteriormente, Regiane renunciou à pensão em troca de encontros esporádicos. Quando ele não comparece ou não atende as ligações decobrança, ela relata muita irritabilidade e angústia. Depois, ela se arrepende, se culpabiliza e suplica por uma nova chance.

Sintomas

Regiane idealiza seu parceiro de uma forma extrema, acreditando que ele seria o amor de sua vida e que lhe traria a felicidade, apesar das inúmeras evidências de que ele não se mostra emocionalmente disponível. Ao longo do relacionamento, ela passa a negligenciar suas próprias necessidades emocionais e a se submeter aos desejos do parceiro, como aconteceu quando renunciou à pensão alimentícia. Além disso, quando ele se distancia ou reage de forma fria, ela se sente extremamente irritada e angustiada. Outro sentimento clássico e marcante do seu amor patológico é o medo que Regiane mostra de perder o parceiro; por conta disso, ora ela se submete aos desejos dele e ora reage extremamente irritada, exigente e cobradora, perfil clássico das pessoas com amor patológico.

Fatores contribuintes

Além do quadro depressivo, foram relatados outros fatores emocionais e familiares que costumam contribuir para esse quadro. Regiane relata traumas emocionais, experiências de abandono e falta de afeto durante a infância. Seu pai era alcoolista e, segundo ela, vivia no bar. Sua mãe, constantemente mantinha-se preocupada em cuidar da vida e da saúde dele. Durante a infância, muitas vezes Regiane assume funções adultas, cuidando da casa, dos irmãos e até do pai, na tentativa de agradar a mãe.

Tratamento

O tratamento da paciente é realizado a partir de dois pilares: acompanhamento psiquiátrico (por conta do quadro depressivo) e processo de psicoterapia grupal, com foco em amor patológico, utilizando a análise psicodramática, cujo resultado é muito efetivo, pois atinge as causas profundas do problema, utilizando estratégias que facilitam a rápida resolução dos sintomas inerentes.

Prognóstico

Inicialmente, os sentimentos de raiva, abandono e medo foram aliviados no processo de psicoterapia. Ao longo do processo, Regiane começou a recuperar sua autoestima e autocuidado, passando a comparecendo às sessões com cabelo arrumado e com caderno embaixo dos braços, dizendo ter retomado os estudos. A psicoterapia a ajudou a diminuir a culpabilização do outro, passando a assumir o seu lado no problema, tentando controlar alguém que várias vezes disse que não quer. Regiane consegue se colocar no lugar do outro e perceber como ele se sentia desrespeitado por ela. Essa percepção gera mudança de atitude e melhora a sua autoestima, diminuindo o sofrimento e a frustração decorrentes da obsessão em reaver algo impossível. Agora é com você, responda aqui:

1) Já estava claro para você a necessidade de utilizar estes dois pilares no tratamento do amor patológico quando há comorbidades psiquiátricas associadas? Acredita que também pode obter resultado positivo em sua prática clínica desta forma?

____

____

____

____

____

2) Este caso melhorou com análise psicodramática. Qual outra abordagem você sugere para tratar os sintomas de Regiane?

____

____

____

____

____

____

Fatores de risco

Fatores psicológicos e psicodinâmicos

Com o caso Regiane, aprendemos alguns fatores psicológicos que podem representar "sinais de alerta" para o amor patológico, como: insegurança, baixa autoestima e ansiedade elevada. Vários estudos confirmam a baixa autoestima[8,9] e, em nossos estudos comparativos com 50 pessoas com amor patológico e 39 pessoas saudáveis[7], confirmamos que a baixa autoestima diferencia esses grupos. Constatamos, também, que a maior parte das pessoas com amor patológico apresenta ansiedade (42%) e depressão (48%). Um achado interessante em minha pesquisa de mestrado é que uma boa parcela das pessoas (22%) apresenta amor patológico puro, ou seja, sem nenhum outro transtorno psiquiátrico associado. Esse e outros dados mostram claramente que se trata de um problema específico, que requer classificação e tratamento próprios.

Também observamos em pessoas com amor patológico sentimentos de rejeição, de abandono e de raiva[11,12]. Além desses, identificamos que as três principais características clínicas das pessoas com amor patológico são: alta impulsividade ($p<0.001$), elevada autotranscendência, o senso de fazer parte de uma realidade maior (p<0.001) e manutenção de relacionamento amoroso com baixa qualidade (p<0.001)[13].

Acredito que neste ponto de nossa jornada você já está se questionando: "Isso é o mesmo que dependência emocional?". Ou afirmando: "Isso é codependência, claro!". Não se preocupe, esta confusão entre os diferentes problemas amorosos-sexuais é esperada, pois existem características semelhantes (e diferentes), faltam disciplinas e cursos a respeito e excedem "especialistas" na mídia social que confundem tanto pacientes quanto profissionais de saúde mental. Para facilitar, separamos cada um dos problemas amorosos-sexuais em Capítulos diferentes, mas tenha em mente que sempre os problemas na área mental podem ocorrer isolados ou em conjunto, o que, na psiquiatria, denomina-se comorbidade. Nesse sentido, passemos à compreensão da psicodinâmica específica do amor patológico, a qual já pode começar a responder os seus questionamentos.

A psicodinâmica do amor patológico é permeada pela falta de um outro, ou seja, de estar em um vínculo simbiótico com alguém que, na visão do paciente, traz a conexão ou a complementação que ele precisa para ser (finalmente!) feliz e amado. Em decorrência dessa ilusão, o paciente costuma sofrer com o constante medo de abandono ou de ficar só.

A relação simbiótica mãe-bebê acontece no período inicial do desenvolvimento infantil, entre 0 e 2 anos de idade, denominado "fase oral", por Freud[10]. Na relação mãe-bebê, época da onipotência, o outro e o mundo fazem parte indiferenciada do Eu, ou seja, o bebê recebe afeto e todas as suas necessidades são prontamente atendidas: não há sensação de falta. Quando as necessidades de amor, cuidado, proteção e segurança não foram atendidas por alguma razão pessoal ou familiar dos genitores, a pessoa pode ficar presa a essa fase, procurando obsessivamente por aprovação e atenção do parceiro em um relacionamento amoroso, na tentativa de suprir a sua falta inicial. Você já pensou em projetos preventivos para o amor patológico? Se sim, ou quando pensar, lembre-se: eles devem ser dirigidos aos pais, e desde a gestação. Nove meses de terapia ajudariam e muito!

Assim, com foco nessa fase inicial do desenvolvimento, podemos compreender a dinâmica simbiótica das pessoas com Amor Patológico, como tentativa de reviver o amor complementar e de grudar no outro para se sentirem inteiras ou completas. Muitos pacientes relatam se sentir "presos" e se queixam de intensos sofrimentos quando a parceria não está perto (física ou emocionalmente). Assim, o Amor Patológico é mais pautado pela sensação de prisão do que de amor.

3) Para trabalhar essa sensação de estar preso a alguém ou de necessitar de alguém, qual abordagem ou estratégia você utilizaria?

____

____

____

____

____

____

Sobre o tipo de apego, estabelecido por John Bowlby[14], nossos estudos identificaram que o ansioso-ambivalente é mais comum em pessoas com amor patológico[12], isto é, elas se sentiram inseguras ou ansiosas sobre a presença da mãe (ou cuidador) nos momentos em que esta não esteve presente. Como mostram estudos posteriores, o tipo de apego aprendido na infância seria repetido no relacionamento amoroso adulto[15]. Assim, a insegurança e a ansiedade de separação das pessoas com amor patológico podem ser explicadas também pelo seu tipo de apego ansioso-ambivalente, fator de risco para este problema.

Posteriormente, em nossa tese de doutorado, criamos a Escala do Amor, um instrumento para avaliação do amor patológico, com 22 questões e ótima consistência interna (α=.88; IC=.86–.89; p=<.001). Neste estudo, a análise fatorial mostra quais são os quatro fatores fundamentais para avaliação — e que precisam ser incluídos no tratamento — desse quadro: Controle (as pessoas são mais controladoras do que submissas), Insatisfação (apesar de insatisfeitas, tentam manter a relação), Abnegação (renunciam a si próprias por medo de perder) e Idealização (da parceria e do relacionamento)[16]. Agora, você já pode colocar o seu raciocínio clínico para funcionar em busca de estratégias que usaria para trabalhar estas quatro características das pessoas com amor patológico.

Fatores socioculturais, familiares e relacionais

Do ponto de vista familiar, Robin Norwood, renomada autora do *best seller Mulheres que amam demais,* base para os grupos de ajuda mútua Mulheres que Amam Demais Anônimas (MADA), acredita que abuso de substâncias na família e história de negligência física e/ou emocional na infância estão associadas ao desenvolvimento do amor patológico. Vivendo nesse contexto familiar, as pessoas seriam atraídas por parceiros igualmente distantes e inseguros, dependentes de drogas e/ou que necessitam de cuidados diversos (decorrentes da própria imaturidade emocional ou profissional), ou seja, parceiros seguros e gentis seriam desinteressantes[17].

Confirmando essa repetição de modelo da infância entre pessoas com amor patológico, um estudo realizado com 50 casais[18] relaciona histórias reais e histórias ideais, constatando a correlação entre a história atual de vício (quando um dos parceiros apresenta intensa necessidade de atenção do outro, inclusive com sintomas de abstinência na falta dele, conceito inerente ao amor patológico) e a história ideal de vício (0.61, $p<0.05$), dado que sugere que a vivência atual do vício (história real) seria a repetição de um modelo familiar de vício que, apesar de gerar angústia, é a história (ideal) possível para pessoas com essa dificuldade.

Fatores biológicos e neuroquímicos

O amor patológico pode acometer homens e mulheres. Apesar das mulheres falarem mais abertamente sobre seus sentimentos (e sofrimentos) e buscarem mais tratamento em consultórios e ambulatórios para problemas de saúde mental, em geral, e para problemas amorosos-sexuais, em específico, parece que, na população em geral, o número de homens e mulheres com esse quadro é semelhante.

Em estudo com amostra de 700 pessoas com amor patológico, 158 homens e 542 mulheres, a maior parte heterossexual (67,1% dos homens e 83,2% das mulheres), seguida dos homossexuais (20,9% e 5,9%) e dos bissexuais (10,8% e 10,5%), Neves[19] conclui que a prevalência desse problema entre os gêneros é a mesma, sendo que os homens apresentam autoestima mais baixa e mais autossacrifício nos relacionamentos em comparação com as mulheres. Esse achado confirma o resultado encontrado em nossa comparação entre homens e mulheres com amor patológico em amostra clínica[13], a qual conclui que a única característica de personalidade que diferencia significativamente os gêneros é a persistência, isto é, eles tendem a se sacrificar mais do que elas, tentando ainda mais manter relacionamentos patológicos, mesmo quando estão em sofrimento emocional.

Sobre a neurobiologia ou "química do amor", diversos estudos surgiram a partir dos anos 2000. Uma das pioneiras, a psiquiatra italiana, Donatella Marazziti[20], identifica que o amor romântico teria duas etapas:

1) Atração: sensações inatas ligadas aos sentidos (olfato, audição, tato, gosto e visão) e que se cruzariam na amígdala, a estrutura do sistema límbico responsável pelas emoções e pelas respostas correspondentes.

2) Apego: atuam dois peptídeos, a ocitocina, responsável pelo comportamento materno e sexual, além de reduzir a ansiedade de separação e a vasopressina, relacionada à regulação da conduta paterna.

Na mesma época, a antropóloga americana Helen Fisher publica resultados semelhantes[21], conclusão de sua pesquisa de seis anos com ressonância magnética funcional (fMRI) em 40 homens e mulheres. Ela confirma que algumas partes do corpo e da ponta do núcleo caudado do cérebro (grande região primitiva e em forma de C) se tornam mais ativas ou "se acendem" quando o amante olha a foto do amado. Fisher acredita que existem três impulsos relacionados ao amor, cada um com compostos químicos próprios:

1) Amor romântico (ou Paixão): associado à dopamina (estimulante natural) e talvez norepinefrina e serotonina.

2) Atração sexual (ou Luxúria): ocorre desde a adolescência e é de responsabilidade biológica da testosterona (para ambos os sexos).

3) Ligação (ou Vinculação): entram em ação os hormônios ocitocina (ajuda nas uniões sociais, inclusive entre macho e fêmea e entre mãe e filho) e vasopressina (conhecido como o hormônio da fidelidade).

Para confirmar o caráter universal desses dados neuroquímicos, Fisher aplica um questionário sobre o amor romântico em 437 norte-americanos e 402 japoneses. Os resultados confirmam que as variáveis idade, gênero, orientação sexual, religião e etnia não fazem diferença nas respostas dos apaixonados. Assim, para Fisher, amor é uma questão instintiva e não emocional.

Avaliação diagnóstica por entrevista

Com esses aprendizados consistentes, fica facilitada a avaliação de um caso clínico, como do caso Regiane. Como uma ferramenta para exercício de raciocínio clínico, vamos (re)analisar esse caso, diagnosticado com amor patológico, ou outro da sua escolha.

Para isso, passamos a estudar os critérios diagnósticos para amor patológico, que foram estipulados comparando os critérios para dependência de substâncias e as características das pessoas com amor patológico. Excluindo-se os casos com Erotomania ou Transtorno de personalidade borderline, onde atitudes amorosas patológicas são esperadas, quando todos os seis critérios são contemplados, podemos dizer que a pessoa apresenta amor patológico[22]:

1) Sintomas de abstinência: quando o parceiro está longe (física ou emocionalmente) ou quando existe ameaça de abandono ou frieza, podem ocorrer: insônia, taquicardia, tensão muscular, alternando-se períodos de letargia e intensa atividade.

2) Cuidar em excesso: o cuidar ocorre em maior quantidade do que o indivíduo gostaria ou pretendia inicialmente.

3) Falha no controle: tentativas para reduzir ou controlar o comportamento patológico são malsucedidas.

4) Gasto excessivo de tempo: a maior parte da energia e do tempo do indivíduo é gasta com planejamentos e/ou comportamentos para manter o parceiro sob controle.

5) Abandono de interesses próprios: atividades para realização ou crescimento pessoal são deixadas de lado, como: autocuidado, cuidado com filhos, investimentos profissionais, convívio com colegas etc.

6) Existe consciência: apesar de consciente dos prejuízos inerentes ao problema para sua qualidade de vida, persiste a queixa.

Uma avaliação correta e precisa é necessária para a condução e o resultado efetivo do tratamento. Por isso, não estamos de acordo com revisões que agrupam inúmeros problemas — amor patológico, dependência emocional, transtorno de personalidade dependente —, alguns nunca estudados com rigor metodológico, relatando ser o mesmo quadro. Se, mesmo antes de estudar e classificar, o clínico confundisse depressão com ansiedade, por exemplo, o resultado das avaliações e tratamentos não teriam evoluído. Uma das confusões comuns é entre amor patológico e dependência emocional, sendo que a dependência é apenas um fator dentro do complexo e multifacetado conceito do amor patológico, como você pode perceber neste Capítulo.

Assim, sugerimos pesquisas comparando ambos os problemas, analisando qual é a proporção de pessoas com dependência emocional que preenchem critérios para amor patológico, por exemplo. Por enquanto, sabemos que existem semelhanças, mas também diferenças importantes que precisam ser consideradas. Vamos aprender a avaliar? Consulte todas as informações do caso Regiane, ou de outro caso que você tenha suspeita, pode ser do seu consultório, da sua família ou até você mesmo. Cheque se são preenchidos todos os critérios, um a um, com cuidado. Em caso de dúvida, procure recordar de situações reais de vida para analisar com isenção cada critério. Se todos os critérios foram preenchidos, provavelmente é um caso de amor patológico; se não, pode ser outra questão, como uma crise conjugal ou uma decepção com o parceiro, que pode ter amor patológico, etc. Concluída a investigação e todos os itens, preencha a sua avaliação do caso avaliado por você:

( ) Amor patológico
( ) Amor saudável
( ) Outro problema

Avaliação diagnóstica por instrumentos

A Escala do Amor (EA), desenvolvida por nós, contém 24 itens autoaplicáveis que analisam o amor patológico com os vários fatores que englobam este fenômeno, como: controle, insatisfação, impulsividade, abnegação e idealização. A EA foi validada por meio de testes psicométricos, garantindo a precisão e confiabilidade dos resultados. Ao focar nestes aspectos principais do comportamento amoroso, pode-se realizar um diagnóstico preciso e um plano de tratamento eficaz para aqueles que sofrem de amor patológico[16].

Sexologia e impacto na vida sexual

A literatura carece de estudos científicos que analisem especificamente a sexologia e a saúde sexual de pessoas com amor patológico. Entre os poucos achados, Hazan e Shaver[15] concluem que indivíduos com tipo de apego ansioso-ambivalente — característico de pessoas com amor patológico[7] — costumam apresentar desejo sexual elevado como forma de reforçar o vínculo com o parceiro, mesmo que isso ocorra às custas da satisfação emocional mútua[15]. Esta hipótese vem de encontro com a dinâmica diádica e a necessidade de completude, isto é, a carência (emocional) pode estar sendo compensada no lugar errado (no sexo). Neste caso, a exemplo do que ocorre na dependência química e outras dependências comportamentais, entraria em ação o efeito tolerância, que é o aumento progressivo do uso da "droga" de escolha que, neste caso, seria a atividade sexual (ou outra atividade a dois), na tentativa de obter o efeito físico e emocional obtido inicialmente. Na clínica, observa-se que a parceria, inicialmente, se encanta com a sensação de ter o seu ego inflado pelo elevado desejo sexual que provoca no outro, mas logo passa a se sentir pressionada e controlada, tanto na vida, quanto na cama.

Caminhando nessa ideia, uma das características clínicas das pessoas com amor patológico que buscam tratamento é a insatisfação no relacionamento[7,13] sendo que uma das queixas principais nessa fase é que elas querem mais estar com a parceria do que o outro e que dão mais afeto do que recebem. Ou seja, o comportamento obsessivo, por estarem grudadas, pode levar a um ciclo de insatisfação sexual e emocional progressiva, onde o desejo sexual pode se tornar um mecanismo para reafirmar o vínculo afetivo, sem resolver as carências subjacentes.

Por outro lado, sabemos que indivíduos com amor patológico frequentemente apresentam baixa autoestima e dificuldades em regular emoções negativas, como raiva, tristeza e abandono[2]. Scorsolini-Comin e Santos[23] acreditam que esses fatores podem prejudicar a vida sexual, a intimidade e o desejo sexual, pois criam um ciclo de busca de validação emocional por meio do relacionamento patológico, o que pode prejudicar a qualidade do relacionamento e levar ao rompimento por parte da parceria.

Enfim, precisamos refletir sobre a necessidade de intervenções terapêuticas que abordem aspectos emocionais e sexuais em conjunto para tratamento do amor patológico.

Propostas de tratamento e estratégias psicoterapêuticas

Desde a década de 1980, o grupo de mútua ajuda Mulheres que Amam Demais Anônimas (MADA), inicialmente nos Estados Unidos e depois em vários países, vem se reunindo para que as "mulheres que amam demais" se ajudem umas às outras[17]. Não consideramos tratamento, pois não há profissionais ou técnicas psicoterápicas, mas são seguidos os 12 passos que, a exemplo do que inicialmente aconteceu com os Alcoólicos Anônimos (AA), segue o lema "Só por hoje" para se manter abstêmio da droga de escolha, neste caso, do parceiro. Como vimos anteriormente, o diagnóstico é criterioso e não sabemos se todas apresentam o problema específico aqui abordado, mas acreditamos que relatar o seu problema em grupo pode trazer acolhimento e alívio devido à constatação de que outras pessoas também enfrentam dificuldades semelhantes. Aos pacientes que demonstram interesse em participar desta prática, assim como qualquer outra saudável, como yoga, dança, corrida, esportes, *hobbies* etc. orientamos a participar uma vez para avaliar o benefício, que é particular em cada caso, permitindo-se sair caso não se sinta bem ou confortável.

Quando necessário, como ocorre em todos os problemas amorosos-sexuais, pode ser recomendado acompanhamento psiquiátrico, especialmente se houver comorbidade com depressão, transtornos de ansiedade e impulsividade. No entanto, a medicação deve sempre ser associada a uma intervenção psicoterapêutica, já que existem causas emocionais, como estudamos neste Capítulo.

O tratamento psicoterapêutico pode ter sucesso com algumas abordagens terapêuticas. Como mostramos no caso Regiane, nós criamos e indicamos o programa de tratamento para amor patológico com análise psicodramática[24] — cujo resultado é muito efetivo e vem sendo utilizado desde 2004 pelo Ambulatório dos Transtornos do Impulso (AMITI), no Instituto de Psiquiatria da USP —, tanto para grupo quanto atendimento individual[25]. Esta e outras abordagens citadas a seguir são recomendadas pela literatura e podem ser usadas isoladamente ou em conjunto, dependendo das necessidades específicas de cada paciente.

1) Análise Psicodramática[24]: eficaz para atingir as causas profundas do amor patológico utilizando manejos de resultado rápido. O jogo do controle, por exemplo, é realizado com terapeuta e paciente em pé, terapeuta assume o lugar do paciente e tenta controlar o outro, segurando firme ou mesmo puxando. Desta forma, o paciente sentirá em seu corpo o efeito (contrário) que o controle exerce sobre a parceria. Em seguida, troca-se de papel e depois o paciente observa de fora. Ao final, discute-se sobre o efeito do controle, como ele se sentiu sendo controlado etc.

2) Terapia Cognitivo-Comportamental[26]: útil como estratégia para identificar e modificar crenças distorcidas e irracionais, como a ideia de que a felicidade depende totalmente de outra pessoa. Este tipo de estratégia pode ajudar a reduzir o medo do abandono e a necessidade excessiva de aprovação característicos deste problema.

3) Terapia Psicodinâmica[27]: recomendada para tratar as causas profundas do amor patológico, como questões de apego, dependência e insegurança emocional, promovendo a compreensão da causa e de como esses fatores influenciam os relacionamentos atuais. A psicoterapia deve focar, por exemplo, nos sentimentos profundos de abandono, medo e raiva, mesmo porque estes aparecerão no *setting* da terapia[28]. Um novo modelo de relação poderá ser explorado a partir da relação terapeuta-cliente, criando um senso de compromisso mais seguro e independente.

4) Terapia de Casal[29,30]: alguns autores acreditam que a problemática principal não é individual, mas sim relativa ao estilo de amor estabelecido no relacionamento conjugal. Nesse contexto, as sessões devem focar na comunicação, conhecimento sobre o estilo do outro e acordos sobre como lidar com o estilo do outro sem renunciar às próprias necessidades.

5) Terapia de Aceitação e Compromisso[31]: utiliza estratégias para ajudar a pessoa com amor patológico a entender e tolerar o desconforto emocional sem buscar o outro compulsivamente, além de focar na criação de uma identidade própria, promovendo, assim, a autonomia emocional.

6) *Mindfulness* e Meditação[32]: a prática da "observação dos pensamentos" é recomendada para amor patológico, pois permite ao paciente observar os pensamentos obsessivos ou ansiogênicos relacionados ao parceiro ou ao relacionamento sem se identificar com eles ou reagir a eles impulsivamente. Em vez disso, o paciente aprende a reconhecer esses pensamentos como eventos transitórios na mente, desenvolvendo uma postura de aceitação e distanciamento.

Exemplo de história de sucesso

O caso Françoise, analisado por Lacan[33], ilustra o conceito de amor patológico, trazendo uma visão interessante da dinâmica de idealização no amor e da compreensão do amor patológico como um fenômeno estruturado pela falta, confirmando a ideia de amor complementar inicialmente trazida por Platão. Françoise, uma mulher jovem, busca Lacan com queixa de dificuldades emocionais decorrentes de um relacionamento conflituoso com um homem casado. A paciente idealizava esse homem, acreditando que ele seria a sua "salvação" e que o amor dele a ajudaria a superar seus problemas psicológicos. Ele não conseguia corresponder, era inconstante e ambíguo, o que gerava sofrimento, mas, mesmo assim, ela não conseguia se libertar da obsessão por ele, sentindo-se presa. Na tentativa obsessiva de conquistar o amor desse homem, ela se colocava em uma posição de submissão aos desejos dele em detrimento dos seus, o que traz sofrimento e uma série de sintomas psicossomáticos. Lacan analisou a dinâmica amorosa patológica em Françoise pautada pela idealização e dependência do parceiro para solucionar os seus problemas. Essa dinâmica amorosa se repetiu no *setting* terapêutico com Lacan, que utiliza essa transferência como forma de ajudar Françoise a compreender que ela não deveria procurar "ser preenchida" pelo outro, mas sim reconhecer a sua falta estrutural. Durante o tratamento, Lacan mostra que o amor patológico é um reflexo da sua dificuldade em lidar com a falta estrutural. O amor não deveria ser entendido como um desejo de posse ou completude, mas como uma relação sempre marcada pela falta. Assim, a impossibilidade de Françoise de ser amada se estrutura na busca de perfeição no outro (amor idealizado), impossível de se realizar. Após essa conscientização, Lacan trabalha com intervenção analítica para ajudar a paciente a distinguir entre a fantasia de ser "preenchida" por um parceiro e a possibilidade de reconhecer a falta como uma parte fundamental de sua constituição subjetiva. No fim, Françoise passa a se distanciar da obsessão pela relação com aquele homem, convive com a sensação de falta com aceitação e renuncia à ilusão de que alguém poderá preencher o seu vazio.

Reflexão e conclusão

Esperamos que esse Capítulo ajude você a compreender como funciona e quais as características da pessoa com amor patológico, como a dinâmica simbiótica, o apego ansioso ambivalente, a busca incessante e idealizada por completude, baixa autoestima e a necessidade de controle devido ao medo de ser abandonada. Também mostramos que várias abordagens podem ajudar os indivíduos a se libertarem dessa forma patológica de se relacionar, desde que o clínico tenha em mente atingir e tratar a causa profunda (origem) deste problema amoroso-sexual complexo.

Referências

1) Platão. O Banquete. Almeida RAZ, translator. Edições 70; 1976.

2) Sophia EC, Tavares H, Zilberman M. Pathological love: is it a new psychiatry desorder? Bras Psiquiatr 2007;29(1):55-62.

3) Kant I. Fundamentação da Metafísica dos Costumes. Quintela P, translator. Coimbra: Atlântida; 1960.

4) Young KS. Love Addiction: Understanding the Obsessive Relationship. American Psychological Association; 1995.

5) Telles S. O amor em psiquiatria: a busca pela totalidade. São Paulo: Editora Artmed; 2015.

6) Safdar A. Dasti R. Personality and Pathological Love among Young Adults. Journal of the Indian Academy of Applied Psychology. 2015;41(2): 206-216.

7) Sophia EC. Amor patológico: Aspectos clínicos e de personalidade. Dissertação de Mestrado, Faculdade de Medicina, Universidade de São Paulo; 2008

8) Nelson ES, Hill-Barlow D, Benedict JO. Addiction versus intimacy as related to sexual involvement in a relationship. J Sex Marital Ther. 1994;20(1):35-45.

9) Bogerts B. Deselusional jealousy and obsessive love – causes and forms. MMW Fortschr Med. 2005;147(6):26,28-9.

10) Freud S. O Futuro de uma ilusão e O mal estar da civilização (1929).

Ed. Standart Brasileira das Obras Psicológicas Completas de Sigmund Freud. Rio de Janeiro: Imago; 1974. v. XXI.

11) Moss E. Treating the love-sick patient. Isr J Psychiatry Relat Sci. 1995;32(3):167-73.

12) Donnellan MB, Larsen-rife D, Conger RD. Personality, family history, and competence in early adult romantic relationships. J Pers Soc Psychol. 2005;88(3):562-576.

13) Sophia EC, Tavares H, Berti MP, Pereira AP, Lorena A, Mello C, Gorenstein C, Zilberman ML. Pathological love: impulsivity, personality, and romantic relationship. CNS Spectr. 2009 May;14(5):268-74.

14) Bowlby J. Apego: a natureza do vínculo. São Paulo: Martins Fontes; 1990.

15) Hazan C, Shaver P. Romantic Love Conceptualized as an Attachment Process. J Pers and Soc Psychol. 1987;52:511-24.

16) Sophia, EC. Desenvolvimento e validação de um instrumento para avaliar o amor patológico. Tese de doutorado, Faculdade de Medicina, Universidade de São Paulo; 2014.

17) Norwood R. Women who love too much. Los Angeles: J. P. Tarcher; 1985.

18) Mayor AS. O amor é uma história: satisfação e complementaridade de papéis no relacionamento conjugal. [Tese]. São Paulo: Universidade de São Paulo. Instituto de Psicologia; 2007.

19) Neves RV, Amor patológico: uma investigação em relação ao Gênero, crenças sobre o amor, apego e autoestima. 137f. Dissertação (mestrado em psicologia). Universidade Federal de Goiás, Goiânia; 2021.

20) Marazziti D. A natureza do amor: conhecendo os sentimentos para vivê-los melhor. Cardoso BM, translator. São Paulo: Atheneu; 2007.

21) Fisher HE. Why We Love: The Nature and Chemistry of Romantic Love. Owl Books: NY; 2004.

22) Sophia EC, Cordás TA. Como lidar com o amor patológico: guia prático para pacientes, familiares e profissionais de saúde. São Paulo: Hogrefe Editora, 2018.

23) Scorsolini-Comin F, Santos MA. (2010). Interface entre saúde mental e relacionamento amoroso: um olhar a partir da psicologia positiva.

24) Dias, VCR. Análise psicodramática: teoria da programação cenestésica. São Paulo: Ágora; 1994

25) Lorena A, Sophia EC, Mello, C, Zilberman M. Group therapy for pathological love. Revista Brasileira de Psiquiatria. 2008;30(3): 290-301.

26) Beck AT. Cognitive therapy of personality disorders. Guilford Press; 2011

27) McCullough L, Strupp HH. Short-term psychodynamic psychotherapy: An integration of cognitive and dynamic perspectives. Guilford Press; 2003.

28) Timmreck TC. Overcoming the loss of a love: preventing love addiction and promoting emotional health. Psychol Rep. 1990; 66(2):515-528.

29) Johnson, S. M. The practice of emotionally focused couple therapy: Creating connection (2nd ed.). Routledge, 2004.

30) Hendrick SS. Understanding Close Relationships. New York: Pearson; 2004.

31) Hayes SC, Strosahl K, Wilson KG. Acceptance and commitment therapy: An experiential approach to behavior change. Guilford Press; 1999.

32) Kabat-Zinn J. Wherever you go, there you are: Mindfulness meditation in everyday life. Hyperion; 1994

33) Lacan J. Seminário 8: "Le Transfert" (1959-1960) — onde Lacan discute casos como o de Françoise e a dinâmica de transferência e amor.

2

CIÚME PATOLÓGICO: E SE EU FOR TRAÍDO?

O ciúme é o tributo que o ego paga ao desejo.
(Sigmund Freud)

Conceituação preliminar

Essa frase do pai da psicanálise mostra que o entendimento dele sobre ciúme está relacionado ao ego e ao medo de perder o objeto de desejo. Seria, então, um sintoma decorrente de um conflito interno entre o ego e os desejos do ciumento. A possessividade e o medo de ser traído estariam associados à percepção de autovalor e autoestima, de modo que perder o outro seria percebido como perder o próprio autovalor ou o valor do Eu (ego). Daí vem o entendimento do medo excessivo (ou pânico) da pessoa com ciúme patológico frente a uma ameaça de traição, que é sentida pelo indivíduo como agressão ao próprio Eu e este, em sinal de defesa ao ataque à própria integridade, reage de forma agressiva e desproporcional.

Com base no medo de perder a parceria para um rival ou um terceiro elemento, o ciúme patológico é definido como uma preocupação infundada, irracional e irreal sobre traição da parceria com um suposto rival[1], com sensações exacerbadas de raiva, medo, tristeza, inveja, excitação sexual e culpa[2].

O ciúme é sempre patológico? De modo algum. Diferentemente das doses excessivas e reações patológicas explicadas anteriormente, em situações com fundamento real, o ciúme é considerado um cuidado com o outro e até mesmo uma proteção do relacionamento frente a situações ou pessoas que realmente poderiam ser prejudiciais, se não fosse o ciúme. Por exemplo, quando ocorre uma mudança real de comportamento do outro, como um afastamento físico ou emocional, sem qualquer explicação do motivo.

Diferenciado ciúme patológico e ciúme normal, podemos ampliar o entendimento sobre outros aspectos do ciúme patológico com um caso clínico.

Estudo de um caso clínico

Um conceituado caso clínico que ilustra muito bem este fenômeno é "O caso de Mr. R", descrito por Helen B. Lewis em seu livro *The Role of Jealousy in Psychopathology*[3].

Diagnóstico

Mr. R foi diagnosticado com ciúme patológico com base em uma análise detalhada de seus comportamentos, emoções e padrões psicológicos[3]. Além deste problema, Mr. R apresenta duas comorbidades psiquiátricas: transtorno de personalidade ansiosa e traços de personalidade obsessiva.

Histórico

Mr. R, um homem de 45 anos, casado há 15 anos com Susan, procura tratamento psicológico para lidar com seus sentimentos excessivos de ciúme e insegurança. Ele relatou que seu ciúme piorou há três anos.

Sintomas

A autora descreve os seguintes sintomas:

1. Ciúme desproporcional: Mr. R apresenta um nível excessivo de ciúme, mesmo quando não há evidências concretas de infidelidade ou ameaças ao relacionamento.

2. Obsessões e ruminações: manifesta pensamentos obsessivos e repetitivos sobre a possibilidade de traição por parte de Susan.

3. Comportamentos compulsivos: incluem a vigilância constante, questionamentos excessivos à parceira e necessidade de controle.

Fatores contribuintes

Mr. R tem histórico de inseguranças e vivências de rejeição na infância. Ele cresceu em um ambiente familiar instável, com pais que brigavam muito e que se separaram quando ele era adolescente. Esse ambiente familiar gerou um sentimento de medo persistente de rejeição. Além disso, ele foi traído em relacionamentos anteriores, o que exacerbou sua baixa autoestima e desconfiança em relação a ser traído novamente.

Tratamento

Incluiu várias abordagens: a Terapia Cognitivo-Comportamental ajudou Mr. R a perceber e modificar seus padrões de pensamento distorcidos, trabalhou para enfrentar suas crenças irracionais e criou estratégias para reduzir comportamentos de controle. A psicoterapia psicodinâmica atingiu as causas profundas de seu problema, trabalhando padrões de relacionamento incorporados na infância. Por fim, a terapia de casal ajudou o casal a melhorar a comunicação, com foco em Mr. R expressar suas emoções de maneira mais saudável e além de reabilitar a confiança em seu relacionamento.

Prognóstico

Ao longo das psicoterapias, Mr. R foi aprendendo a lidar melhor com suas inseguranças e a confiar mais em Susan. O relacionamento melhorou, com uma comunicação mais assertiva e verdadeira no lugar do comportamento de controle. O processo de psicoterapia foi desafiador, mas ajudou na estabilidade do relacionamento e na redução da intensidade do ciúme de Mr. R.

Este caso clínico mostra que o ciúme patológico pode ser tratado de forma eficaz com uma abordagem terapêutica abrangente, que incluiu tanto a psicoterapia individual quanto a terapia de casal. Responda aqui:

1) Você sabia que podemos utilizar uma abordagem abrangente para tratar o esse problema? Sente-se confortável par utilizar esta proposta?

2) Com base em sua experiência, qual outra abordagem você acredita que poderia ter contribuído para a melhora do ciúme patológico de Mr. R?

Fatores de risco

Fatores psicológicos e psicodinâmicos

Algumas pesquisas relatam que existem dois fatores de risco psicológicos para o ciúme patológico:

1) Baixa autoestima e inseguranças pessoais: pessoas com baixa autoestima teriam maior predisposição para serem ciumentas devido à falta de confiança em si mesmas e no relacionamento[4].

2) Vivências de negligência, abandono ou trauma na infância: estas experiências influenciam no desenvolvimento de ciúme patológico na vida adulta, pois moldam padrões de apego inseguro e uma visão distorcida dos relacionamentos[5].

Além desses, estudamos anteriormente que os "sinais de alerta" frequentes neste caso seriam comportamentos de verificação, invasão de privacidade e acusações infundadas, que apontam para a agressividade — psicológica, física ou sexual. Na clínica, é comum, ainda, os pacientes relatarem planejamento ou ato de traição, seja como forma de punição à parceria ou para não ficar só em situações em que o medo de ser traído está elevado. Confirmando ainda o comportamento agressivo associado ao ciúme patológico, sabemos que este problema é frequentemente associado a transtornos de personalidade, principalmente transtorno de personalidade borderline, transtorno de personalidade narcisista e até transtorno de personalidade antisocial, o que exacerba a tendência a sentimentos e a reações intensos relativos ao ciúme[5,6].

Em decorrência da reação violenta ao sentimento do ciúme, uma compreensão isenta da psicodinâmica do ciúme patológico pelo clínico é difícil, precisando ocorrer renúncia do julgamento, que cabe apenas ao público leigo. Diferentemente da maldade inerente à agressividade criminosa, a agressividade do ciumento teria origem em um problema amoroso-sexual que, sem tratamento adequado, não permite escolha por parte da pessoa contaminada pelo pânico de perder de agir de maneira não violenta. Assim, espero ter convencido você sobre a importância de tratamento para esse problema e a fazer parte dessa comunidade que se empenha nese trabalho.

Caminhando na visão psicodinâmica, a clínica do ciúme patológico precisa estar focada na sua forma de se relacionar (dinâmica), que chamamos de triangular.

Na visão de mundo do ciumento, existem três elementos: ele, a parceria e um terceiro elemento (ou rival). Daí vem sua constante insegurança em perder a parceria para o rival.

A dinâmica triangular tem origem na fase de triangulação do desenvolvimento psicológico infantil, em torno dos 6 anos. Na vida relacional adulta, ocorre uma repetição das sensações de ciúme, que geram regressão a comportamentos infantis não ultrapassados ou resolvidos na fase de triangulação.

Durante essa fase, chamada Complexo de Édipo ou Eletra pela psicanálise, o menino, apegado à mãe, sente muita insegurança pela tentativa de entrada de um terceiro, que poderia ser o pai, um irmão, uma madrasta etc. Nessa fase, então, é despertado um medo excessivo e desesperador de ser trocado pelo "rival".

Mas, se todos nós vivemos essa fase, qual é a hipótese, na sua percepção, para alguns de nós termos superado e outros manterem o comportamento regredido?.

Além das características de personalidade e focando apenas na questão psicodinâmica, acreditamos que alguns de nós foram "sortudos", pois receberam ajuda de pais dotados de força emocional suficiente para ensinar seus filhos a "triangular"; outros, infelizmente não. Estes podem ter sido educados por mães dependentes, por exemplo, que não conseguem passar a segurança que o filho precisa para realizar esta tarefa difícil e/ou pais carentes de força emocional para se impor a ponto de se posicionar e tomar o seu lugar na dinâmica familiar. Lembrando que, se os pais não o fizeram, é porque eles também não aprenderam em gerações anteriores. Só damos aquilo que recebemos. Simples assim.

Fatores socioculturais, familiares e relacionais

Alguns estudos confirmam que alguns fatores socioculturais, familiares e relacionais aumentam o risco para o ciúme. Padrões familiares com altos níveis de possessividade e de ciúme, moldariam tais sentimentos em seus filhos. Na mesma ideia, estudos comparativos entre culturas confirmam que normas culturais influenciam na forma como o ciúme é socialmente construído e gerido pelos indivíduos[7].

Ainda, os fatores relacionais são apontados como risco, pois a qualidade do relacionamento pode interferir na insatisfação ou na instabilidade em um relacionamento, exacerbando o ciúme. Levine e Heller[8], por exemplo, investigaram como a qualidade do relacionamento e a percepção de compromisso poderiam moderar os sentimentos de ciúme e concluíram que questões de comunicação, confiança e comprometimento são fatores importantes para "domar" o ciúme.

Enfim, a clínica do ciúme inclui muitos "sinais de alerta" mapeados e confirmados pela literatura, os quais devem ser contemplados em processos de psicoterapia para que seja obtida melhora dos sintomas.

Fatores biológicos e neuroquímicos

Existem vários tipos de traição: sexual, emocional e, atualmente, virtual. Todas são doloridas, já que provocam uma ferida narcísica a ser curada, e podem despertar sentimentos de rejeição e ciúme. Apesar de ser claro (e notório) que homens costumam ter mais ciúme de traições sexuais e mulheres, de traições emocionais, alguns estudiosos ainda criticam este fato como sendo ultrapassado ou *old fashioned*. Para checar, Levy e Kelly[6] utilizam a teoria do apego de John Bowlby e confirmam que o tipo de apego evitativo (característico dos homens) é mais ciumento com infidelidade sexual, em comparação com a emocional. Por outro lado, pessoas com apego seguro (mais comum às mulheres) têm mais ciúme com infidelidade emocional do que sexual.

Outros estudiosos sobre a neurobiologia do ciúme acreditam que fatores neuroquímicos podem ser um campo fértil, uma vez que o ciúme ativa áreas específicas do cérebro, como o córtex cingulado anterior e a amígdala, associados à regulação emocional e à percepção de ameaça[9]. Desequilíbrios químicos em neurotransmissores, como a dopamina e a serotonina estão associados a comportamentos ciumentos patológicos. A dopamina é relacionada ao prazer e ao desejo, enquanto a serotonina influencia o (des)controle emocional do ciumento[10].

Avaliação diagnóstica por entrevista

No caso clínico, contamos que Mr. R tem diagnóstico de ciúme patológico. Como foi realizada esta avaliação? O entendimento sobre a definição de ciúme patológico, a presença dos fatores de risco e o estudo do caso clínico nos ajudam a ter uma boa hipótese diagnóstica (HD), mas não é o suficiente para "bater o martelo".

Para confirmar, Mullen e Martin[11] sugerem que o ciúme se torna patológico quando atinge níveis que são desproporcionais e impactam negativamente as relações. Esse tipo de ciúme pode ser destrutivo tanto para o indivíduo que o experimenta quanto para a relação. Quando o ciúme se torna excessivo e irracional, ele pode ser associado a transtornos de personalidade, como o transtorno obsessivo-compulsivo de personalidade ou os transtornos paranoides. Os sintomas comuns incluem:

1) Vigilância excessiva: a pessoa monitora constantemente a parceria, frequentemente verificando suas ações, mensagens e interações com outras pessoas.

2) Pensamentos obsessivos: evitar a traição se torna uma preocupação constante, ocupando grande parte da mente da pessoa e interferindo em suas atividades diárias.

3) Comportamentos controladores: tentativas de controlar o comportamento do parceiro, como limitar suas interações sociais ou exigir total transparência.

4) Reações emocionais intensas: raiva, ansiedade ou tristeza elevadas, muitas vezes, sem uma causa concreta e que levam a explosões emocionais.

Insegurança e desconfiança: crença constante de que o parceiro pode estar sendo infiel, mesmo quando não há evidências disso.

Este conteúdo é fundamental, por isso seguimos treinando rapidamente com uma breve vivência (3 minutos, aguente!). Feche os olhos, localize na memória uma pessoa ciumenta (paciente, amigo, familiar ou você mesmo). Se conhecer mais do que uma, selecione uma delas. Após escolher, reflita sobre esta pessoa em relação a cada um dos critérios. Se todos os critérios foram preenchidos, provavelmente é um caso de ciúme patológico; se não, pode ser ciúme saudável ou outra questão. Concluído, escreva abaixo a sua avaliação inicial:

( ) Saudável
( ) Patológico
( ) Não sei

Avaliação diagnóstica por instrumentos

Existem instrumentos validados psicometricamente e amplamente utilizados em contextos clínicos e de pesquisa para identificar e abordar aspectos do ciúme patológico e que consideram os aspectos cognitivos, emocionais e comportamentais do ciúme patológico, tais como:

1) *Multidimensional Jealousy Scale (MJS)*[12]: escala reconhecida para avaliar os componentes cognitivos, emocionais e comportamentais do ciúme romântico, ou seja, analisa o ciúme em seus múltiplos aspectos, incluindo comportamentos obsessivos ou impulsivos que costumam estar associados ao ciúme patológico. É um instrumento confiável, com boa consistência interna (índices superiores a 0,80) nos diferentes aspectos.

2) Inventário de Ciúme Romântico (ICR)[13]: instrumento desenvolvido no Brasil, por Ramos e colaboradores, com base em situações sociais que podem provocar ciúme. É composto por 59 itens divididos em fatores que analisam comportamentos de aceitação, dor e raiva relacionados ao ciúme. Apresenta bons índices de confiabilidade.

3) *Romantic Jealousy Questionnaire (RJQ)*[14]: questionário baseado na teoria psicológica do ciúme e mede a intensidade, reações e estratégias de enfrentamento do ciúme, além de suas causas e efeitos. Desenvolvido por Pines e Aronson, é considerado um instrumento abrangente, apesar de algumas limitações em relação às formas de comunicação contemporâneas.

Sexologia e impacto na vida sexual

A literatura mostra claramente a importante conexão entre ciúme patológico e satisfação, desejo e transtornos sexuais, tanto em seus aspectos negativos, quanto positivos, confirmando que propostas terapêuticas eficazes devem analisar e contemplar aspectos emocionais, relacionais e sexuais envolvidos neste fenômeno multifatorial.

Com relação à satisfação sexual, em alguns casos, um certo nível de ciúme pode inicialmente motivar a parceria a se empenhar mais na vida sexual[15], para manter a atração e a exclusividade, bem como para acompanhar a típica excitação sexual elevada do ciumento[2]. Entretanto, com a convivência, o ciúme em excesso gera conflitos e brigas constantes, gerando um ambiente de desconfiança e tensão no relacionamento e reduzindo, assim, a satisfação sexual. Conflitos e tensões resultantes do ciúme podem diminuir também a intimidade e a qualidade da experiência sexual[16,17], resultando até em evitamento sexual, no qual um ou ambos os parceiros evitam a atividade sexual devido ao medo de conflitos[18].

Sobre o desejo sexual, o mesmo efeito pode ser observado. Em seu livro *Why we love?*, Helen Fisher[15] explica que, devido à excitação emocional associada à competição ou à ameaça de traição, o ciúme patológico pode temporariamente aumentar o desejo sexual, mas a preocupação constante com a ameaça à relação, em geral, desvia a atenção do desejo sexual[15] e prejudica, assim, a comunicação sobre necessidades e desejos sexuais[16]. Além disso, a insegurança constante costuma fazer com que o paciente se sinta menos atraente ou desejável, resultando em redução do seu desejo sexual[16].

O ciúme patológico está associado, inclusive, com a presença de transtornos sexuais. O estresse e a ansiedade causados pelo ciúme podem contribuir para disfunções sexuais, como disfunção erétil ou anorgasmia[17] e pode, ainda, levar a comportamentos sexuais compulsivos ou a parafilias, como voyeurismo ou exibicionismo, na tentativa de lidar com a insegurança exacerbada[18].

Mapeado o impacto do ciúme patológico na sexualidade, verificamos tanto aspectos positivos quanto negativos. Muito mais negativos, você concorda? Então, o entendimento desses efeitos evidencia que o tratamento dessa condição é fundamental para promover qualidade de vida relacional e sexual.

Resta alguma dúvida que se trata de um problema amoroso-sexual complexo? Você já tinha refletido sobre essa complexidade? Então, escreva aqui, em uma frase, qual foi o seu principal aprendizado sobre a sexologia do ciúme patológico:

____

____

____

____

____

____

Propostas de tratamento e estratégias psicoterapêuticas

A escolha da abordagem pode depender da gravidade do quadro, das preferências do paciente e do contexto específico do relacionamento. Muitas vezes, como no caso Mr. R, uma combinação de abordagens pode ser eficaz. O terapeuta deve ajustar a intervenção com base nas necessidades individuais do paciente. Além da escolha da abordagem, a colaboração entre paciente e terapeuta é crucial para se encontrar a melhor abordagem, sendo necessário promover um vínculo saudável e de confiança no *setting* para que, após o aprendizado, este seja expandido para o relacionamento amoroso. Feita essa parte mais importante, o terapeuta pode utilizar a sua ou várias abordagens teóricas, uma vez que, segundo a literatura, várias abordagens podem ser utilizadas com bons resultados, como:

1) Terapia Cognitivo-Comportamental[20]: abordagem considerada eficaz para modificar os pensamentos irracionais e distorcidos que alimentam o ciúme patológico. A estratégia do reconhecimento e do desafio às crenças disfuncionais do paciente — principalmente a crença que "todo mundo trai" — costuma ser eficaz para a substituição destas por fatos e pensamentos mais realistas e equilibrados.

2) Terapia de Casal[21]: costuma ajudar na comunicação e na confiança entre os parceiros. Estratégias para favorecer a escuta sobre como o outro se sente, para auxiliar na comunicação sobre os próprios sentimentos e inseguranças e para ajudar o paciente a se colocar no lugar da parceria quando esta recebe uma acusação falsa de traição podem favorecer a redução da sensação de ciúme e a promoção de um ambiente de confiança e entendimento mútuo.

3) Psicoterapia Psicodinâmica[22]: como explora os conflitos subjacentes, atingido e tratando a causa do ciúme patológico, a cena primária de triangulação seria a meta. Para isso, inicialmente são investigadas experiências passadas e dinâmicas familiares anteriores que influenciam o comportamento atual, promovendo conscientização sobre a origem passada e alívio sobre o conflito presente.

4) Terapia de Aceitação e Compromisso[23]: a estratégia é aceitar emoções e pensamentos sem julgá-los, em vez de tentar mudá-los. Para o ciúme patológico, significa aprender a aceitar os sentimentos relativos ao ciúme e lidar com eles de maneira que não interfira na vida e no relacionamento.

5) Análise Psicodramática[24]: com eficácia confirmada pelo nosso grupo, essa abordagem tem dupla vantagem nesse caso, pois acessa a causa profunda de maneira rápida[25]. Uma sugestão indicada para esse problema é o jogo da confiança: após aquecimento do tema confiança/desconfiança, o paciente dramatiza uma cena real de desconfiança trazida por ele na sessão, revivendo a mesma cena em três papéis diferentes: o seu, o da parceria e o de observador. O terapeuta pode ajudar, assumindo o papel complementar e depois os outros dois, quando o paciente estiver no observador. A seguir, o paciente relata sobre como se sentiu no lugar da parceria (sob efeito da desconfiança em seu corpo), em seu lugar e como observador. Depois, o terapeuta faz o fechamento, clareando que a desconfiança gera sentimentos negativos que afastam o outro e inviabilizam um relacionamento.

Exemplo de história de sucesso

Marcos (fictício) e sua esposa me procuraram para terapia de casal há oito anos; eles estavam em crise, a esposa decidida a partir para a separação, devido ao ciúme e abusos psicológicos dele. Ele não permitia que ela saísse com suas amigas, nem levasse sua família à casa de campo do casal. Ela se sentia perseguida e com a sua vida vasculhada o tempo todo. Não foi indicada terapia de casal devido a indisponibilidade da esposa em investir no relacionamento. Marcos buscou terapia individual como forma de evitar a separação, e com muito medo de perder a esposa. Na primeira sessão individual, por meio de manejos da análise psicodramática denominados "Espelho"[24], foi identificada e clareada a dinâmica de triangulação, trazendo entendimento e confiança no processo. Nas sessões seguintes, a dinâmica triangular foi trabalhada de forma gradual, partindo do aqui agora até chegar na cena original, que foi a entrada de um padrasto na vida dele quando tinha 7 anos de idade. Neste caso, conflitos com a figura paterna e perda de outra figura masculina que substituía o pai neste mesmo período, exacerbaram os sentimentos de abandono, rejeição e traição. Esses sentimentos foram sento aliviados e Marcos superou os sintomas do ciúme patológico em alguns meses. Aos poucos, foi fortalecendo sua autoestima, controlando a ansiedade para esperar e, assim, confiar na parceria da esposa. Ela também foi recuperando a confiança na nova proposta dele, a seu tempo. Além deles, o relacionamento amoroso-sexual foi melhorando muito: na fase anterior, a esposa se queixava de falta de desejo e dificuldade para atingir orgasmo e, durante o processo de psicoterapia, ela passou a buscar sexo e intimidade na mesma proporção que ele, além de conseguir atingir a satisfação sexual.

Reflexão e conclusão

Enfatizamos a importância de capacitar profissionais da saúde mental para reabilitação das sensações relativas ao ciúme patológico — e os comportamentos reativos e agressivos inerentes —, com foco principal na comunicação assertiva dos sentimentos e na confiança na parceria.

Referências

1) Marazziti D, et al. Normal and obsessional jealousy: a study of a populational of Young adults. Eur Psychiatry. 2003; May:18(3):106-11.

2) White GL, Mullen PE. Jealousy: Theory, Research, and Clinical Strategies. New York, NY: Guilford Press; 1989.

3) Lewis, HB. *The Role of Jealousy in Psychopathology*. Masterson; 1988.

4) Bowlby J. Attachment and Loss: Volume 1. Attachment (2nd ed.). New York, NY: Basic Books; 1982.

5) Costa AL. Contribuições para o estudo do ciúme excessivo. Dissertação de mestrado. Universidade de São Paulo; 2010.

6) Levy KN, Kelly KM. Sex differences in jealousy: A contribution from attachment theory. Psychological Science. 2010; 21(2), 168–173.

7) Brown LL. Jealousy and love: The emotional experience in intimate relationships. New York: Academic Press; 1994.

8) Levine A, Heller R. Attached: The new science of adult attachment and how it can help you find—and keep—love. New York: TarcherPerigee; 2007/2010.

9) Fisher HE, Aron A, Brown LL. Romantic love: An fMRI study of a neural mechanism for mate choice. The Journal of Comparative Neurology. 2005;493(1), 58–62.

10) Eysenck HJ, Eysenck SBG, Barrett P. A revised version of the Psychoticism scale. Personality and Individual Differences. 1985;6(1), 21-29.

11) Mullen PE, Martin J. (1994). Jealousy: A Community Study. British Journal of Psychiatry. 1994;164, 35-43.

12) Bueno JMH, Carvalho LF. Um estudo de revisão do Inventário de Ciúme Romântico (ICR). Psicol. Reflex. Crit. 2012;25(3).

13) Ramos ML, Yazawa M, Salazar LA. Inventário de Ciúme Romântico: Um instrumento nacional desenvolvido para avaliar ciúmes em relacionamentos amorosos. Revista Brasileira de Terapias Comportamentais e Cognitivas. 1994;1(1), 10-20.

14) Pines AM, Aronson E. The romantic jealousy questionnaire. Journal of Social and Personal Relationships. 1983;1(1), 99-112.

15) Fisher H. Why we love: The nature and chemistry of romantic love. Macmillan; 2004.

16) Buss DM. The evolution of desire: Strategies of human mating. Hachette UK; 1994.

17) Becker N. Sexual Jealousy: A Comparison of Gender Differences; 2007.

18) Money J. Love and Love Sickness: The Science of Sex, Gender Difference, and Pair Bonding;1980.

19) Chodorow N. The Reproduction of Mothering: Psychoanalysis and the Sociology of Gender; 1978.

20) Beck AT. Cognitive Therapy of Depression. Guilford Press; 1079.

21) Gottman J, Silver N. The Seven Principles for Making Marriage Work. Harmony; 1999.

22) Klein M. Envy and Gratitude and Other Works. London: Hogarth; 1975.

23) Twohig, MP, Hayes SC, Akihiko M. Increasing Willingness to Experience Obsessions: Acceptance and commitment therapy as a treatment for obsessive-compulsive disorder. Behavior therapy. 2006;37(1), 3-13.

24) Dias VCR. Análise psicodramática: teoria da programação cenestésica. São Paulo: Ágora; 1994.

25) Gulassa DCR, et al. Group therapy for morbid jealousy. Rev. psiquiatr. 2011;33(2).

3

DEPENDÊNCIA EMOCIONAL: E SE EU NÃO SOBREVIVER?

A dependência emocional é uma forma de escravidão.
(Walter Riso)

Conceituação preliminar

Diferentemente do amor e do ciúme patológicos — que vêm sendo estudados há décadas no Brasil com o rigor científico característico da medicina em geral e da psiquiatra em específico, isto é, comparando dois grupos: um formado por indivíduos com o problema amoroso-sexual e outro grupo composto por indivíduos saudáveis —, ainda não existem estudos e consenso sobre a dependência emocional ser uma patologia, sobre como esse quadro deve ser denominado e, ainda, sobre quais seriam os sintomas inerentes a esse fenômeno[1]. A maior parte das publicações são narrativas ou estudos de casos e estamos carentes de estudos científicos para analisar estatisticamente os dados e chegarmos ao perfil das pessoas com dependência emocional.

A falta de estudos adequados na literatura provoca controversa[1] e confusão entre dependência emocional e outros problemas amorosos-sexuais, como amor patológico, codependência emocional e transtorno de personalidade dependente. A confusão com amor patológico, a partir do que estudamos no Capítulo 1, você já pode compreender: a dependência (do parceiro) é apenas um componente do amor patológico, que apresenta várias outras características clínicas, de personalidade, do relacionamento que, juntas, explicam esse fenômeno completo. Assim como a ansiedade pode ser uma comorbidade para uma depressão ansiosa e nem por isso podemos dizer que depressão é o mesmo que ansiedade, a dependência emocional em relação à parceria é apenas um aspecto do amor patológico, dentre outros. Mesmo em casos clínicos com dependência emocional e que preencham os seis critérios para amor patológico, pelas pesquisas atuais, a comorbidade é factível. Além desta, existem outras semelhanças, mas também diferenças importantes, sobretudo relativas aos *clusters* ou categorias, como discutiremos mais adiante, no item Diagnóstico. Sobre as duas outras confusões — com transtorno de personalidade dependente e codependência emocional —, trataremos nos Capítulos 4 e 5, respectivamente.

Apesar do aspecto controverso e da dificuldade em encontrar literatura consistente devido à grande demanda do quadro, muito frequente em nossos consultórios e ambulatórios[1], este tema é imprescindível para o clínico que se predispõe a trabalhar com relacionamentos. É necessário que o profissional da área da saúde mental esteja apto a avaliar, diferenciar e incorporar estratégias terapêuticas efetivas para ajudar as pessoas em sofrimento decorrente da dependência emocional, que pode ser definida como um padrão crônico de apego patológico e insatisfações afetivas, as quais os pacientes buscam satisfazer em relacionamentos amorosos[2] ou em outras relações[3].

Diferentemente do amor patológico, que se manifesta exclusivamente no relacionamento amoroso-sexual, a dependência emocional — também descrita como a condição na qual uma pessoa se torna ligada emocionalmente a outra de forma excessiva, comprometendo sua saúde física e mental — pode se manifestar em relacionamentos românticos, familiares, amizades ou até mesmo no ambiente de trabalho[3,4,5,6].

A dependência emocional nas relações familiares e entre amigos é tema de diversas publicações psicológicas, como nos estudos de Schwanke Martini[3], que discute sobre as manifestações da dependência emocional em filhos no contexto de dinâmicas familiares. Trata-se de uma dificuldade frequentemente associada à criação excessivamente controladora ou superprotetora, a qual dificulta a autonomia dos filhos. Em muitos casos, os filhos se sentem incapazes de tomar decisões importantes ou de viver de maneira independente sem a constante aprovação de suas mães, podendo resultar em dificuldades no crescimento pessoal e profissional dos filhos, afetando sua capacidade de estabelecer relacionamentos saudáveis e de tomar decisões por conta própria. O quadro pode se agravar quando a mãe, por medo de "perder" o filho, começa a exercer controle excessivo sobre sua vida, impedindo a sua liberdade e contribuindo para a manutenção da dependência emocional; ou quando é um fenômeno transgeracional, ou seja, que é transmitido entre várias gerações de uma família[6]. Esclarecidas as diferenças, e como não é objetivo deste Manual aprofundar em relações familiares ou outras, voltamos a focar em nossa área de interesse: os problemas amorosos-sexuais.

Estudo de um caso clínico

Em seu livro "Amar ou Depender"[7], Walter Riso apresenta o caso Laura. Segundo ele, um relato fictício baseado em características comuns observadas por ele em sua prática clínica ao tratar dependência emocional. Esse relato é utilizado pelo autor como exemplo de como a dependência emocional pode ser tratada por meio de intervenções terapêuticas específicas e com foco no fortalecimento da autonomia emocional.

Diagnóstico

Na avaliação terapêutica, Laura foi diagnosticada com dependência emocional, pois mostra um padrão persistente de necessidade excessiva de cuidados e suporte, somado ao medo de separação e a comportamentos que prejudicam a sua autonomia.

Histórico

Laura, em torno dos 30 anos, procura ajuda terapêutica por se sentir extremamente angustiada em seu relacionamento. Ela sente que sua felicidade depende completamente do parceiro e tolera comportamentos abusivos para manter o vínculo. Outra consequência do medo constante de perder o parceiro são as atitudes submissas. Além disso, desde o início do relacionamento, a paciente renuncia às suas próprias atividades, amizades e sonhos.

Desde a infância, Laura foi exposta a um ambiente emocionalmente instável, com pais ausentes e pouca demonstração de afeto. Esse histórico causou uma busca incessante por validação em relacionamentos amorosos. Sua baixa autoestima contribui para a dependência emocional.

Sintomas

Os principais sintomas de Laura são:

1) Medo de abandono: Laura teme constantemente que o parceiro a deixe, mesmo quando não há motivos para isso.

2) Medo da solidão: Ela afirma não suportar a ideia de ficar sozinha, o que a obriga a tolerar comportamentos prejudiciais por parte do parceiro.

3) Sacrifício pessoal: ela abdica de suas necessidades e interesses em prol do parceiro, sem reciprocidade.

4) Comportamentos controladores e ciumentos: apesar de submissa, Laura sente necessidade de monitorar as ações do parceiro, mas se cala para evitar conflitos e o temido abandono.

Fatores Contribuintes

Segundo Walter Rizo, existem três fatores que podem contribuir para a dependência emocional. Ele acredita que a falta de vínculos estáveis na infância de Laura gera uma maneira de se relacionar com apego ansioso, caracterizado por uma necessidade intensa de aprovação e validação por parte da parceria que, segundo ele, contribui para a carência emocional da paciente.

Outro fator contribuinte seria a baixa autoestima, descrita como a responsável pela dificuldade de Laura de acreditar que não é suficiente por si mesma e por precisar de um relacionamento para se sentir completa. Rizo acredita que a idealização do relacionamento e do parceiro podem estar associadas à sensação de "ser menos" de Laura.

Por último, as crenças distorcidas podem favorecer a dependência emocional, pois Laura associa amor verdadeiro à submissão e sacrifício, considerando-os prova de comprometimento.

Tratamento

Walter Riso sugere um plano terapêutico baseado em quatro pilares:

1) Psicoeducação: orientação sobre os conceitos de amor saudável x apego patológico e leitura complementar de textos de autoajuda sobre autonomia emocional.

2) Terapia Cognitivo-Comportamental: identificação e reestruturação das crenças disfuncionais de Laura, isto é, "Eu não sou suficiente sem ele" ou "Amor verdadeiro exige sacrifício total".

3) Exercícios de Autonomia: incentivo à retomada de atividades que resgatam a sua identidade, como *hobbies* e ampliação da rede social e de trabalho de forma gradual para desenvolver a capacidade de lidar com a solidão.

4) *Mindfulness*: técnicas para que Laura possa observar seus pensamentos ansiosos sem se identificar com eles, desenvolvendo maior autorregulação emocional.

Prognóstico

Com um tratamento adequado, o prognóstico tende a ser positivo. Contudo, sem tratamento, a dependência emocional pode levar a um ciclo contínuo de relacionamentos disfuncionais e problemas emocionais. Ao final do processo terapêutico contínuo, Laura relatou sentir-se mais confiante e menos dependente do parceiro. Embora ainda enfrentasse desafios para manter sua independência emocional, ela demonstrou avanços significativos em sua autoestima e na capacidade de viver de forma autônoma, retomando atividades que havia deixado, por exemplo. Além de desenvolver uma identidade mais independente, a paciente constatou que sua felicidade não dependia exclusivamente de um relacionamento amoroso e começou a priorizar seu autocuidado e bem-estar emocional.

Este caso clínico indica tratamento para dependência emocional com uma proposta terapêutica abrangente. Responda aqui:

1) Você concorda sobre a necessidade de abordagem abrangente para tratar esse problema? Agora que estudou esta possibilidade, você a utilizaria? Por quê?

____

____

____

____

____

2) Com base em sua percepção, qual outra abordagem acredita que poderia ter resultado efetivo em casos de dependência emocional?

____

____

____

____

____

____

Fatores de risco

Fatores psicológicos e psicodinâmicos

Os fatores psicológicos e psicodinâmicos relativos à dependência emocional em relacionamentos amorosos são abordados por vários estudiosos, em geral, destacando a associação com apego e aspectos de personalidade que contribuem para sua manifestação.

Do ponto de vista psicológico, a semelhança do que ocorre no amor e no ciúme patológicos, sentimentos de abandono, de rejeição e de medo são "sinais de alerta" para a dependência emocional. Com foco na dependência emocional, é interessante o trabalho de Bornstein[8], que explora como indivíduos com baixa autoestima ou medo de rejeição tendem a se tornar excessivamente dependentes devido à necessidade de validação externa.

Alguns autores esclarecem que a dependência emocional pode se originar de um apego disfuncional na infância, porém o tipo de apego é controverso na literatura. Hazan e Shaver[9] associam o apego ansioso a uma maior probabilidade de dependência emocional, caracterizado pelo medo de abandono e pela necessidade de aprovação constante no relacionamento. Outros autores acreditam que a dependência emocional é marcada por padrões de apego inseguros, ou seja, o apego ansioso ou o apego evitativo (aquele onde a pessoa não estabelece vínculo afetivo, na tentativa de bastar a si própria)[1].

Fatores socioculturais, familiares e relacionais

A dependência emocional em relacionamentos amorosos pode ser influenciada por diversos fatores socioculturais, familiares e relacionais. Do ponto de vista social, os papéis de gênero tradicionais podem contribuir para relações de dependência emocional quando as mulheres ainda são socializadas a priorizar relacionamentos em detrimento de sua autonomia emocional. Isso pode perpetuar dinâmicas de submissão[10,11]. Além disso, a pressão social para manter relacionamentos indica um ideal social de felicidade baseada em relacionamentos fixos, que pode levar indivíduos a tolerar vínculos dependentes para evitar estigmas relativos à solidão ou ao fracasso relacional[12].

E mesmo quando não há pressão social ou familiar, sabemos que crenças negativas familiares podem ser internalizadas, gerando distúrbios cognitivos e esquemas desadaptativos em adultos. Hoyos, Arredondo, Echavarría[13] discutem como crenças negativas, muitas vezes internalizadas durante a infância, podem criar padrões de submissão e de autossacrifício em relacionamentos românticos. Um exemplo é a crença de que relacionamento é sinônimo de sofrimento.

Experiências infantis de negligência ou de controle excessivo por parte dos cuidadores também são frequentemente associadas à dependência emocional na vida adulta[1], assim como vivências em famílias e casais com dificuldades em expressar sentimentos e resolver conflitos[5].

Sobre fatores relacionais, alguns autores acreditam que relações de poder assimétricas podem exacerbar a dependência emocional quando um dos parceiros assume o controle excessivo sobre o outro e este cede, por medo de ser rejeitado ou de perder o parceiro[14]. Acreditamos que este tipo de relação "de cima para baixo" ou "na vertical" está fadada ao fracasso do casal, mesmo quando a subjugação é consentida pelo subjugado, pois provoca o distanciamento dos parceiros. Em um relacionamento saudável, em princípio, ambos estão na mesma posição hierárquica e, assim, lado a lado.

Fatores biológicos e neuroquímicos

Não foram encontrados estudos com ressonância magnética em pacientes diagnosticados com dependência emocional. Porém, quando vier a ser estudado e comprovado o caráter aditivo deste fenômeno, provavelmente o funcionamento cerebral seja semelhante ao que ocorre no amor patológico e em outras dependências químicas ou comportamentais, o que hoje não é possível afirmar.

Avaliação diagnóstica por entrevista

Apesar do diagnóstico da dependência emocional ainda não ter sido pesquisado com rigor metodológico, parece incluir análise sobre a existência de um padrão composto pela necessidade constante de aprovação, medo intenso de abandono e dificuldade em manter a autonomia emocional nos relacionamentos. Como já estudamos, alguns relatos de caso ou revisões confundem este diagnóstico, principalmente com transtorno de personalidade dependente e com amor patológico. Outros, ainda, generalizam, relatando que todos são o quadro. Por hora, não podemos concordar com esses relatos e sugerimos estudos adequados comparando os três problemas.

A psicologia, a seu tempo, tem aprendido sobre o raciocínio de pesquisador com a área médica, o que é necessário para chegarmos, juntos, a diagnósticos mais precisos e consistentes e, assim, melhorar as propostas e os resultados dos tratamentos oferecidos. Os psiquiatras pesquisaram a fundo, por exemplo, o transtorno de personalidade dependente, classificado nas duas maiores referências em pesquisa em saúde mental: a Classificação Internacional das Doenças (CID-10)[15] e o Manual Diagnóstico e Estatístico de Transtorno Mentais (DSM-5-TR)[16], na categoria transtornos de personalidade (*Cluster* C – ansioso ou medroso). Já o amor patológico, como estudamos no Capítulo 1 deste Manual, está mapeado[17] como um problema que gera sofrimento, que se diferencia de indivíduos saudáveis e cujos critérios diagnósticos e características clínicas indicam pertencer à categoria dos transtornos relacionados à dependência, a exemplo do que ocorre com a dependência de substâncias e o jogo patológico. Sugerimos aqui, portanto, a inclusão do amor patológico nas próximas revisões da CID e do DSM, bem como estudos adequados sobre a dependência emocional.

Por hora, parecem existir correlações entre certos traços de personalidade deste quadro com outros, como a impulsividade (característica das pessoas com amor patológico) e o padrão de comportamento submisso (típico do transtorno de personalidade dependente). Esses fenômenos podem, ainda, interagir, mas precisamos ter claro que, nas duas classificações internacionalmente reconhecidas citadas, a dependência (química e comportamental) está mais associada a fatores ambientais, biológicos e comportamentais, enquanto os transtornos de personalidade costumam ser estáveis ao longo do tempo, considerados um "jeitão" de ser. Surge o questionamento: em qual grupo estará a dependência emocional, afinal?

Feitas essas considerações, chegamos à sugestão diagnóstica da dependência emocional, que inclui a análise de quatro sintomas, que se assemelham aos utilizados para diagnosticar o amor patológico, mas não suficientes, já que o amor patológico requer preenchimento dos seis critérios (consultar no Capítulo 1). Os quatro sintomas para dependência emocional são[6]:

1) Medo excessivo de rejeição ou abandono.

2) Submissão nos relacionamentos, mesmo em situações prejudiciais.

3) Desejo compulsivo de manter a proximidade emocional, mesmo à custa de outros aspectos da vida.

4) Dificuldade em lidar com períodos de separação, levando a reações emocionais intensas, como ansiedade ou depressão.

Partimos agora para um breve exercício de raciocínio clínico e de diagnóstico diferencial: por favor, pegue uma folha de papel A4 e duas canetas de cores diferentes. Faça uma divisória ao meio do papel, na vertical. Do lado esquerdo, escreva amor patológico e, do lado direito, dependência emocional. Do lado esquerdo, enumere os seis critérios, um a um, e, do lado direito, escreva os quatro sintomas acima. Agora compare e grife, com uma das cores, os itens semelhantes aos dois problemas. Em seguida, circule, com a outra cor de caneta, os itens específicos do amor patológico, isto é, aqueles que NÃO coincidem. Por fim, deixe aqui, em uma frase, aquilo que mais diferencia os dois quadros, de acordo com a sua percepção:

____

____

____

____

____

____

Avaliação diagnóstica por instrumentos

Existem várias escalas que analisam traços da dependência emocional, como a Escala de Dependência Emocional de Rusbult, que avalia o grau em que os indivíduos dependem emocionalmente de seus parceiros, explorando fatores como necessidade de aprovação e medo de rejeição. O *Cuestionario de Dependencia Emocional* (CDE)[18], desenvolvido em contexto latino-americano, possui validade e confiabilidade satisfatórias, sendo útil para avaliar a dependência emocional em relações afetivas, além de estar relacionado a variáveis como autoestima.

Sexologia e impacto na vida sexual

Pesquisas sobre a relação entre dependência emocional e vida sexual sugerem que essa condição pode influenciar significativamente os comportamentos sexuais e a dinâmica de intimidade em relacionamentos[19]. Como estudamos acima, a dependência emocional pode resultar em padrões de submissão, falta de assertividade e comprometimento da autonomia pessoal e, consequentemente, a autonomia sexual também costuma sair prejudicada.

Além de dificultar a satisfação sexual, os fatores podem estar relacionados a problemas como abuso sexual por parte da parceria, devido ao perfil do agressor, mas também em decorrência de dificuldade das pessoas com dependência emocional em estabelecer limites saudáveis, podendo permitir abusos sexuais (relações não consentidas) por anos, seja dentro ou fora de um relacionamento estável.

A prática clínica e as investigações realizadas[19,20] destacam que a dependência emocional pode se manifestar em atitudes de insegurança e, assim como ocorre no ciúme patológico ao longo da convivência, a insegurança pode impactar na confiança mútua no relacionamento e levar a parceria a apresentar desinteresse (sexual e emocional) e até disfunções sexuais, como perda do desejo sexual e vivência de conflitos emocionais associados à vida sexual e relacional insatisfatórias.

Além desse impacto negativo relativo à insegurança, outra semelhança com o ciúme patológico é a frequente dificuldade das pessoas com dependência emocional em equilibrar intimidade emocional e desejo sexual, que muitas vezes se manifesta de maneira exacerbada, devido a seus padrões de controle ou possessividade, podendo afetar a vida sexual de forma direta ou indireta, comprometendo o interesse da parceria e a intimidade do casal[20].

Propostas de tratamento e estratégias psicoterapêuticas

Uma das dificuldades em tratar indivíduos com dependência emocional está relacionada à falta de consciência do problema por parte da população e dos próprios profissionais de saúde[1]. No entanto, diante dos dados relativos ao prejuízo emocional, sexual e relacional gerado pela dependência emocional, confirmamos se tratar de um problema amoroso-sexual complexo e que requer atenção por parte dos profissionais da saúde mental. De acordo com a literatura, algumas das principais propostas de tratamento e estratégias são:

1) Terapia Cognitivo-Comportamental[21]: envolve a reestruturação cognitiva para reduzir crenças disfuncionais relacionadas ao apego e insegurança. Além disso, o desenvolvimento de habilidades de enfrentamento é promovido.

2) Terapia de Aceitação e Compromisso[22,23]: estratégias de *Mindfulness* são utilizadas com estratégia por esta abordagem, com o objetivo de aumentar a aceitação das próprias emoções, como a baixa autoestima e a sensação de necessidade do outro, favorecendo a redução da ansiedade e do medo de rejeição.

3) *Mindfulness*[24,26]: a prática de meditação e a observação de pensamentos e sentimentos de medo, raiva, tristeza, abandono, sem se identificar excessivamente com eles, pode ajudar o paciente com dependência emocional a reduzir a ruminação e a ansiedade.

4) Terapia de Foco Emocional para Casal[26,27]: o objetivo dessa abordagem é fortalecer um tipo de apego saudável no casal, abordando as emoções subjacentes que mantêm a dependência emocional. Por meio de estratégias de regulação emocional e de reconhecimento de necessidades emocionais, são trabalhados os padrões de apego disfuncionais no casal.

5) Psicoterapia Psicodinâmica[28]: o objetivo principal seria explorar experiências passadas, principalmente no relacionamento com os pais ou figuras de autoridade, para entender a origem da dependência emocional. Por meio da conscientização a respeito dos padrões inconscientes que perpetuam a dependência emocional, essa abordagem pode promover *insights* e modificação dos comportamentos disfuncionais desse problema.

Exemplo de história de sucesso

Com enfoque nos custos psicológicos e sociais gerados pela dependência emocional, o psicólogo americano Robert Bornstein publica no *Journal of Clinical Psychology*[29] um caso de sucesso: uma mulher em torno dos 30 anos, histórico de relacionamentos marcados por submissão excessiva, dificuldade em manter limites saudáveis e relatos de elevada ansiedade quando o parceiro não atende às suas necessidades emocionais. Paciente com tipo de apego ansioso, traços de personalidade dependente e história de negligência emocional na infância, com pais emocionalmente indisponíveis. Ela refere medo constante de rejeição. As intervenções psicoterapêuticas foram baseadas em terapia cognitivo-comportamental, com foco na modificação de crenças disfuncionais, além de *Mindfulness*, para ajudar a desenvolver autonomia emocional e tolerância ao desconforto. Após um ano de tratamento, a paciente mostra maior confiança para estabelecer limites em relacionamentos e autonomia para tomar decisões sem validação constante, além de melhora em sua autoestima e na qualidade de seus relacionamentos amorosos. Assim, verificamos a possibilidade de melhora e a necessidade de divulgação para pacientes e para profissionais da saúde mental, que devem se capacitar para avaliar e tratar a dependência emocional de modo efetivo.

Reflexão e conclusão

Mesmo sem apoio de estudos adequados, acreditamos que a dependência emocional é um problema amoroso-sexual complexo que necessita de compreensão e diferenciação, especialmente com o amor patológico, pois há várias semelhanças, como a baixa autoestima e o apego ansioso ambivalente, que podem confundir o clínico na realização do diagnóstico diferencial. É importante também estudar o diferencial com o transtorno de personalidade dependente, passível de confusão pela postura submissa em comum aos dois quadros. Sugerimos pesquisas comparativas entre esses quadros, como tivemos o cuidado de realizar entre amor e ciúme patológicos, para termos mais respaldo e precisão. Por hora, a dependência emocional está mapeada e estratégias estão propostas, o que já permite ao profissional de saúde mental tratar o problema com a confiança de obter resultados efetivos, objetivo deste Capítulo.

Referências

1) Bution DC, Wechsler AM. Dependência emocional: uma revisão sistemática da literatura. Estudos Interdisciplinares em Psicologia. 2016;7(1), 77–102.

2) Moral MV, Sirvent C. Dependencias sentimentales o afectivas: Etiología clasificación y evaluación. Revista Española de Drogadependencias. 2008;33(2),151-167.

3) Martini JS. Dependência emocional familiar: possíveis manifestações nos filhos. *Revista da Graduação*. 2012;5(2).

4) Bateman AW, Fonagy P. Mentalization-based treatment for borderline personality disorder: A practical guide. Oxford University Press; 2003.

5) Fruzzetti AE, Shenk C, Hoffman, PD. Family interaction and the development of borderline personality disorder: A transactional model. Development and Psychopathology. 2005;17(4), 1007-1030.

6) Kancyper L. Estudos sobre dependência emocional transgeracional. 1994/1999.

7) Riso, W. *Amar ou depender: Como superar o apego afetivo e fazer do amor uma experiência plena e saudável*. Academia; 2021.

8) Bornstein RF. Illuminating a neglected clinical issue: Societal costs of interpersonal dependency and dependent personality disorder. Journal of Clinical Psychology. 2012;68(7), 766-781.

9) Hazan C, Shaver P. Romantic Love Conceptualized as an Attachment Process. J Pers and Soc Psychol. 1987;52:511-24.

10) Sophia EC. Amor patológico: Aspectos clínicos e de personalidade. Dissertação de Mestrado, Faculdade de Medicina, Universidade de São Paulo; 2008

11) Jiménez MM, Ruiz, CS. Dependencia afectiva y género: Perfil sintomático diferencial en dependientes afectivos españoles. Interamerican Journal of Psychology. 2009;43(2), 230-240.

12) Narvaz MG, Koller, SH. Mulheres vítimas de violência doméstica: Compreendendo subjetividades assujeitadas. Psico. 2006;37(1), 7-13.

13) Hoyos ML, Arredondo NHL, Echavarría JAZ. (2007). Distorsiones cognitivas en personas con dependencia emocional. Informes psicológicos. 2007;9, 55-69.

14) Garcia A. Relações interpessoais e sociedade: Uma introdução. In: Garcia A, Pereira FN, Oliveira MSP, organizators. Relações interpessoais e sociedade. *Vitória, Centro Internacional de Pesquisa do Relacionamento Interpessoal CIPRI/UFES. Programa de Pós-Graduação em Psicologia–CCHN/UFES*; 2013.

15) Organização Mundial da Saúde (OMS). Classificação Estatística Internacional de Doenças e Problemas Relacionados à Saúde. 10. ed. Décima Revisão (CID-10). Genebra: Organização Mundial da Saúde, 1992.

16) Associação Americana de Psiquiatria (APA). Manual Diagnóstico e Estatístico de Transtornos Mentais, 5. ed. Texto Revisado (DSM-5-TR). Tradução oficial. Editora Artmed, 2023.

17) Sophia EC, Tavares H, Berti MP, Pereira AP, Lorena A, Mello C, Gorenstein C, Zilberman ML. Pathological love: impulsivity, personality, and romantic relationship. CNS Spectr. 2009 May;14(5):268-74.

18) Fonsêca PND, Couto, RN, Silva PGND, Guimarães CLC, Machado MDOS. (2020). Evidências psicométricas do Cuestionario de Dependencia Emocional (CDE). Avaliação Psicológica. 2020; 19(1):67-77.

19) Bution DC, Wechsler AM. Dependência emocional: uma revisão sistemática da literatura. Estudos Interdisciplinares em Psicologia. 2016;7(1):77–101.

20) Sternberg RJ. The Triangular Theory of Love. Psychological Review. 1988;93(2):119–135.

21) Hunsley J, Lee, CM. Cognitive-behavioral therapy for emotional and behavioral problems. Journal of Clinical Psychology. 2017;73(11):1379-1390.

22) Hayes SC, Strosahl K, Wilson KG. Acceptance and commitment therapy: An experiential approach to behavior change. Guilford Press; 2012.

23) Roos CR, Schmidt NB. Acceptance and commitment therapy for psychological disorders: Theory, research, and practice. Behavior Therapy. 2018;49(5):697-710.

24) Kabat-Zinn J. Full catastrophe living: Using the wisdom of your body and mind to face stress, pain, and illness. Delta; 1990.

25) Creswell JD. Mindfulness Interventions. Annual Review of Psychology. 2017;68:491-516.

26) Johnson SM. The practice of emotionally focused couple therapy: Creating connection. The Guilford Press, 2004.

27) Greenberg LS, Johnson SM. Emotionally focused therapy for couples. The Guilford Press, 2013.

28) Fonagy P, Target M. Mentalization and borderlines. The British Journal of Psychiatry. 2002;180(2):143-146.

29) Bornstein RF. (2012). Illuminating a neglected clinical issue: Societal costs of interpersonal dependency and dependent personality disorder. Journal of Clinical Psychology. 2012;68(7):766-781.

4

TRANSTORNO DE PERSONALIDADE DEPENDENTE: ME APOIA?

O preço da segurança emocional é a perda de si mesmo.
(Theodore Millon)

Conceituação preliminar

Como estudamos no Capítulo anterior, o transtorno de personalidade dependente — classificado e descrito tanto pela Classificação Internacional de Doenças (CID-10)[1] quanto pelo Manual Diagnóstico e Estatístico de Transtornos Mentais (DSM-5-TR)[2], com sutis diferenças em suas conceituações — é tratado como sinônimo da dependência emocional em algumas revisões e estudos de caso teóricos[3,4,5], principalmente por estudiosos da área da psicologia.

Por um lado, a literatura não confirma essa hipótese, isto é, não encontramos pesquisas com rigor metodológico comparando os fenômenos; por outro lado, existem citações que indicam grandes indícios de semelhança, sobretudo em relação a ambos apresentarem postura submissa e características clínicas inerentes ao *cluster* c (ansioso e medroso) dos transtornos de personalidade, conforme articulamos no item Diagnóstico, no Capítulo anterior. De qualquer forma, com a precaução que exige o papel de pesquisador, enquanto não existir confirmação científica (ou não) dessa hipótese, optamos por manter e estudar separadamente o transtorno de personalidade dependente neste Capítulo.

Desde 1980, o transtorno de personalidade dependente está incluído no DSM-III e já foi descrito como parte dos transtornos de personalidade *Cluster* C, com ênfase no comportamento submisso e na necessidade de apoio emocional de outras pessoas. Em 1994 (no DSM-IV) e em 2000 (no DSM-IV-TR), o transtorno manteve sua posição no *Cluster* C, com poucos ajustes nos critérios diagnósticos. Em 2013 (no DSM-5) e em 2022 (no DSM-5-TR), continua a ser reconhecido como um transtorno formal, com critérios diagnósticos amplamente preservados.

Na CID-10[1], o transtorno de personalidade dependente está classificado sob a categoria geral de "Transtornos de Personalidade e Comportamento Adulto", localizado na Categoria "Transtornos Específicos de Personalidade (F60)", Código F60.7 e definido como um padrão de conduta submisso, dependente e passivo, com elevada necessidade de ser cuidado. As pessoas com esse transtorno costumam buscar garantias constantes, evitam tomar decisões e assumir responsabilidades para manterem o apoio de outras pessoas. Interessante observar que, tal qual ocorre na dependência emocional, este quadro também pode se manifestar em relações não amorosas.

No DSM-5-TR[2], esta condição está descrita na seção "Transtornos de Personalidade", Categoria C (ansiosos ou temerosos), como um padrão generalizado e excessivo de necessidade de ser cuidado, que leva as pessoas a agirem de forma submissa, dependente e com medo de separação. Este padrão generalizado confirma a CID-10 sobre poder se manifestar em vários contextos e tipos de relacionamento, a exemplo do que ocorre na dependência emocional e que diferencia o problema de outros com manifestação exclusiva no contexto amoroso-sexual, como o amor e ciúme patológicos.

Estudo de um caso clínico

Seguimos nossa jornada com o entendimento sobre este transtorno estudando o caso clínico de uma paciente diagnosticada com transtorno de personalidade dependente, o qual foi publicado por Robert F.

Bornstein, psicólogo e estudioso nesta área, na revista *Journal of Clinical Psychology*[6]. Este estudo foi um dos primeiros a documentar o transtorno de maneira detalhada, ajudando a expandir a compreensão clínica sobre as manifestações e propiciando a melhora dos tratamentos oferecidos.

Diagnóstico

O estudo descreve o caso de uma paciente chamada Marta (nome fictício), 32 anos, que procurou tratamento devido a uma série de dificuldades em seus relacionamentos amorosos e profissionais. Embora o caso seja fictício, para fins de ilustração clínica, Bornstein utilizou elementos baseados em evidências para destacar fatores típicos associados ao transtorno. Com base nos sintomas e no histórico, Marta recebeu o diagnóstico de transtorno de personalidade dependente.

Histórico

Marta cresceu em um ambiente de superproteção parental. Seus pais, frequentemente, tomavam decisões por ela, o que restringiu seu desenvolvimento de autonomia e autoconfiança.

Além disso, havia um padrão de controle emocional nos relacionamentos familiares, de modo que ela era recompensada por obedecer e ser submissa, mas punida ou criticada ao tentar expressar independência.

A paciente relata também episódios de negligência emocional, associados à ausência de validação de suas capacidades, internalizando a crença de que não era capaz de tomar decisões sozinha.

Por fim, episódios de ansiedade de separação durante a infância geraram o seu medo constante de rejeição e abandono.

Na vida adulta, a paciente vivencia uma série de relacionamentos abusivos, nos quais dependia completamente de seus parceiros para orientação emocional e apoio, e tinha medo constante de ser rejeitada e abandonada. Nesses relacionamentos, os parceiros eram emocionalmente dominantes ou abusivos e, devido à sua necessidade de evitar o abandono, a paciente tolerava situações prejudiciais, mantendo-se em papéis subservientes. Esses relacionamentos reforçaram o seu problema e baixavam a sua autoestima, impedindo o desenvolvimento de assertividade e a capacidade de estabelecer limites.

Sintomas

Marta demonstrava um padrão crônico de dependência emocional e uma dificuldade significativa para tomar decisões de forma independente. Devido à sua necessidade excessiva de cuidados e incapacidade de fazer escolhas sem apoio dos outros, Marta também demonstrava uma tendência a evitar confrontos e expressar as suas próprias necessidades, colocando os interesses dos outros acima dos seus.

Fatores Contribuintes

A paciente apresenta algumas crenças disfuncionais internalizadas ou irracionais que contribuem para a manutenção de comportamentos dependentes e submissos ao longo da sua vida, como: "Eu não posso funcionar sem outra pessoa para me guiar"; "Se eu tentar ser independente, serei rejeitada"; "Eu preciso me sacrificar para ser aceita".

Marta também apresenta traços de ansiedade preexistente, uma predisposição para buscar aprovação e evitar confrontos. Essa vulnerabilidade emocional a tornou mais suscetível a desenvolver padrões de dependência em situações de estresse ou conflito.

Existem, ainda, fatores sociais reforçadores do comportamento dependente, pois a paciente foi criada em ambiente familiar onde a submissão feminina e a deferência a figuras de autoridade eram altamente valorizadas.

Tratamento

O tratamento foi baseado em Terapia Cognitivo-Comportamental, com foco em aumentar sua autonomia e autoconfiança, além de trabalhar nas habilidades de assertividade. Durante a terapia, Marta aprendeu a reconhecer e questionar suas crenças disfuncionais, por exemplo, a ideia de que ela não poderia ser amada ou bem-sucedida sem depender de outras pessoas. A abordagem também envolveu estratégias de enfrentamento para ajudar a paciente a lidar com o medo excessivo de ser abandonada e a desenvolver uma maior independência emocional.

Prognóstico

Após meses de terapia, Marta fez progressos significativos. Ela começou a tomar algumas decisões por conta própria, estabeleceu limites saudáveis em seus relacionamentos e se tornou mais emocionalmente independente. Embora o transtorno não tenha desaparecido completamente, a paciente foi capaz de desenvolver uma vida mais equilibrada, com relações mais saudáveis e maior fortalecimento emocional para enfrentar os desafios, em busca de relacionamentos mais saudáveis.

O estudo de Bornstein tem dupla importância: ilustra a dinâmica complexa do transtorno de personalidade dependente e como ele pode impactar as relações pessoais e profissionais de um indivíduo, e mostra a necessidade de tratamento com abordagens psicoterapêuticas eficazes, com objetivo de ajudar os pacientes a desenvolverem autonomia e reduzirem os sintomas inerentes. Esperamos que faça sentido para você e indicamos que você responda:

1) Você sabia (e concorda) com Bornstein que contextos familiares e sociais machistas poderiam contribuir para um transtorno de personalidade?

( ) Sim

( ) Não

( ) Talvez. Explique: ______________________________

____

____

____

____

Com base em seus estudos ou experiência clínica, qual outra abordagem teórica você sugere para este transtorno em específico? Por quê?

____

____

____

____

____

____

____

Fatores de risco

Em seu valioso trabalho sobre transtornos de personalidade, o psicólogo americano Theodore Millon, que foi membro ativo da *American Psychological Association* (APA) e de outras organizações científicas importantes, fez contribuições significativas para a compreensão e a descrição dos transtornos de personalidade, principalmente em relação aos modelos de classificação e tratamento. Millon[7] descreveu o transtorno de personalidade dependente como um espectro que resulta da interação entre fatores de risco biológicos e influências ambientais, sugerindo que este transtorno poderia ser compreendido como uma forma extrema de dependência interpessoal, em geral, causada por experiências de negligência ou superproteção durante a infância.

Fatores psicológicos e psicodinâmicos

Millon constatou que a dificuldade em estabelecer limites é uma característica central deste quadro[7]. A tendência à submissão e ao autossacrifício das próprias necessidades e desejos na tentativa de agradar os outros é um aspecto central da compreensão e tratamento deste fenômeno, pois costuma levá-los a relacionamentos disfuncionais ou até abusivos, pois a necessidade de apoio emocional os torna vulneráveis a manipulações.

Fatores socioculturais, familiares e relacionais

Conforme citamos acima, o principal fator externo contribuinte para a manutenção e piora deste problema é a repetição de relacionamentos abusivos[1], em geral, como repetição de vivências abusivas e de negligência infantis.

Fatores biológicos e neuroquímicos

Segundo o DSM-5-TR[2], este transtorno é ligeiramente mais comum em mulheres do que em homens, com prevalência estimada na população geral em torno de 0,49% a 0,60%, mais frequente em amostras clínicas.

Um dado interessante sobre o aspecto evolucionista de nossa espécie é que, em um nível saudável, uma personalidade dependente pode ser compreendida como uma forma de comportamento evolutivo adaptativo do ser humano. No entanto, quando este padrão é excessivo e sem controle, passa a ser patológico e a limitar a qualidade de vida pessoal e emocional dos pacientes, se tornando um transtorno psiquiátrico. Ou seja, a dependência pode ser entendida como uma estratégia saudável para obter apoio e evitar a solidão, a qual arriscaria a evolução da nossa espécie, porém, em excesso, pode prejudicar a saúde mental e a autonomia do indivíduo[7].

Avaliação diagnóstica por entrevista

Assim como orientamos no caso do amor patológico, aqui os critérios diagnósticos devem ser analisados com cuidado, um a um, para "fechar" este diagnóstico de modo preciso. De acordo com a CID-10, os sete sintomas a seguir caracterizam o transtorno de personalidade dependente:

1) Dificuldade em assumir responsabilidades: costumam delegar a outros a maior parte das decisões importantes em sua vida.

2) Falta de autonomia: dificuldade constante em tomar decisões por conta própria sem apoio externo.

3) Extrema submissão: tendência a tentar se submeter à vontade dos outros por medo de rejeição ou abandono.

4) Dificuldade de ficar só: elevado desconforto ou angústia ao estar sozinho.

5) Esforços para manter relacionamentos: tentativa de evitar o rompimento de vínculos com figuras de apoio.

6) Necessidade exagerada de apoio: busca constante de suporte emocional e físico de outras pessoas.

7) Medo de abandono: preocupação persistente com a possibilidade de ser deixado sozinho ou sem apoio.

Para um diagnóstico preciso é necessário, também, que este diagnóstico seja diferenciado de outros transtornos que possam apresentar características semelhantes, como: transtorno de personalidade evitativa (F60.6), onde o foco é mais no medo de rejeição social, enquanto no transtorno de personalidade dependente é a necessidade de cuidados e suporte; depressão e ansiedade generalizada, sendo que podem coexistir, mas a dependência é um traço de personalidade estável ("jeitão" de ser); transtorno de personalidade borderline (F60.3), onde o medo de abandono é acompanhado por instabilidade emocional e de identidade mais pronunciadas[1].

Além da CID-10, o diagnóstico clínico também pode ser estabelecido avaliando os oito critérios propostos pelo DSM-5-TR. Embora as duas propostas sejam semelhantes, passamos a descrever cada um dos traços de acordo com a segunda, uma oportunidade para você absorver melhor o quadro e escolher qual das duas é mais clara e confortável para você utilizar em seu trabalho, em consultório ou ambulatório[2]:

1) Necessidade de apoio excessivo dos outros para tomar decisões cotidianas.

2) Necessidade de que outros assumam a responsabilidade por áreas importantes de sua vida.

3) Dificuldade em discordar, por medo de perder o suporte ou a aprovação dos outros.

4) Dificuldade em iniciar projetos ou atividades de forma independente devido à falta de autoconfiança e não à falta de motivação ou energia.

5) Esforços excessivos para obter apoio e carinho, inclusive assumindo atividades desagradáveis.

6) Desconforto ou desamparo quando sozinho, devido ao medo de não ser capaz de cuidar de si próprio.

7) Busca obsessiva por outro relacionamento como fonte de cuidado e apoio após término de relacionamento.

8) Medo de ser abandonado ou de perder os outros e ter que cuidar de si próprio.

O DSM-5-TR também indica que o diagnóstico deve ser diferenciado de outros transtornos similares: transtorno de personalidade evitativa (ambos apresentam medo de rejeição, mas no transtorno de personalidade dependente o foco está na dependência e submissão, enquanto no evitativo, a evitação de interações ocorre pelo medo de humilhação); transtorno de personalidade borderline (embora o medo de abandono esteja presente em ambos, no borderline se sobressai pela instabilidade emocional e pelos comportamentos impulsivos); transtorno depressivo persistente ou distimia (a dependência pode coexistir com a depressão, mas, no transtorno de personalidade dependente, trata-se de um traço estável, enquanto na distimia é uma reação ao humor deprimido; ansiedade generalizada (no transtorno de personalidade dependente, a ansiedade é específica para questões relacionadas à dependência e cuidado, enquanto na ansiedade generalizada, a ansiedade é mais ampla).

Se, até aqui, você está participando dos nossos estudos neste Manual, imagino que já tenha escolhido uma das propostas de avaliação. Escreva aqui qual é sua escolha, para consultar quando precisar:

____

____

____

____

____

____

Avaliação diagnóstica por instrumentos

Existem instrumentos confiáveis para avaliar o transtorno de personalidade dependente que se baseiam em critérios do DSM e são amplamente utilizados em contextos clínicos e de pesquisa, devido à sua validação psicométrica e eficiência diagnóstica. Contudo, é indicado que a avaliação por instrumentos seja complementada pela avaliação por entrevista clínica e pela análise do contexto do paciente. São eles:

1) *Structured Clinical Interview for DSM Disorders – Axis II* (SCID-II)[8]: entrevista semiestruturada amplamente utilizada para avaliar transtornos de personalidade de acordo com os critérios do DSM. Ela permite identificar a presença de sintomas relevantes com boa consistência diagnóstica.

2) *Millon Clinical Multiaxial Inventory* (MCMI)[9]: desenvolvido por Theodore Millon, citado anteriormente, este inventário é útil na avaliação de transtornos de personalidade, integrando aspectos categóricos e dimensionais do funcionamento da personalidade e oferecendo um perfil abrangente e validado.

3) *Shedler-Westen Assessment Procedure* (SWAP-200)[10]: instrumento baseado em avaliação clínica, exige expertise do avaliador e avalia tanto o funcionamento saudável quanto patológico da personalidade, sendo indicado para diagnósticos complexos.

Sexologia e impacto na vida sexual

Transtornos da personalidade podem prejudicar a vida sexual e o seu impacto é multifacetado, podendo incluir: desejo sexual (aumento ou diminuição), satisfação sexual (prejuízos na intimidade emocional) e comportamentos de risco (promiscuidade, impulsividade ou abuso).

De modo geral, os transtornos de personalidade dificultam a construção de vínculos saudáveis, o que reflete na intimidade sexual. Especificamente no transtorno de personalidade dependente, o foco deste Capítulo, a excessiva submissão em contextos sexuais costuma dificultar a expressão de preferências ou estabelecer limites[7], priorizando a satisfação do parceiro em detrimento das próprias necessidades ou desejos. Isso pode levar a experiências sexuais insatisfatórias e até mesmo a envolvimentos indesejados[11].

Outra problemática associada ao quadro em questão é o prejuízo no desejo sexual da parceria. As pessoas com transtorno de personalidade dependente frequentemente relatam sintomas relativos à ansiedade de separação, o que pode gerar aumento da busca por proximidade física, incluindo sexual, como forma de evitar o abandono[12]. Acontece que essa dinâmica de suprir o medo de abandono no contato sexual pode gerar desequilíbrio no desejo sexual da parceria, ou seja, ela pode se sentir pressionada com a necessidade de intimidade maior do que pode corresponder.

Por outro lado, devido à dificuldade em comunicar necessidades e estabelecer reciprocidade emocional, pessoas com este quadro podem apresentar níveis reduzidos de satisfação sexual[13], relatando frequentemente uma desconexão entre sexualidade e prazer emocional.

Estudamos anteriormente que indivíduos com este problema

amoroso-sexual costumam permanecer em relacionamentos disfuncionais, incluindo contextos sexuais, por medo de rejeição ou solidão, comportamento que pode favorecer experiências sexuais abusivas ou exploratórias. Dentro dessa ideia, um artigo publicado por Bornstein[14] encontrou que indivíduos com altos níveis de dependência têm maior probabilidade de tolerar abuso (emocional e sexual), muitas vezes devido ao medo de abandono.

Também, em casos de dependência emocional grave, em seu estudo com amostra clínica com 210 pacientes adultos (60% mulheres, 40% homens) de uma clínica psiquiátrica especializada em transtornos da personalidade na Suíça, Hofmann e Huber[15] identificam relatos de conflitos entre os desejos internos do paciente e a necessidade de agradar o parceiro, resultando em confusão sobre sua identidade sexual. Neste contexto, os pacientes podem demonstrar dificuldades em expressar sua própria identidade sexual ou preferências, moldando seu comportamento para agradar o parceiro.

Propostas de tratamento e estratégias psicoterapêuticas

Sem tratamento, estudiosos acreditam que o transtorno de personalidade dependente pode levar a relações abusivas, baixa autoestima e dificuldade em alcançar autonomia. Em seus estudos, Millon[7] também discutiu sobre estratégias terapêuticas para o transtorno de personalidade dependente, destacando a importância de fortalecer a independência e a autoestima, ajudando os pacientes a se tornarem mais autossuficientes e menos dependentes dos outros. Quando há comorbidades como depressão ou ansiedade, antidepressivos ou ansiolíticos podem ser prescritos[1,2].

As abordagens teóricas com confirmação de eficácia para este problema amoroso-sexual são:

1. Terapia Cognitivo-Comportamental[1,2,7]: como vimos no caso

Marta, no início deste Capítulo, esta abordagem pode ajudar os pacientes a desafiarem suas crenças disfuncionais sobre a necessidade de aprovação constante e a cultivar a confiança em suas próprias habilidades, desenvolvendo autoconfiança e independência.

2. Terapia Psicodinâmica[1]: muito indicada para explorar e tratar as raízes (causas) emocionais deste transtorno, ou seja, os padrões relacionais aprendidos na infância e repetidos na vida adulta.

3. Terapia de Casal: neste caso, com foco no fortalecimento da assertividade e no desenvolvimento da capacidade de estabelecer limites saudáveis. Sugerimos um jogo onde o casal vivencia uma cena em que ambos ficam presos em local apertado, como em um elevador. Cada um, em separado, vai sendo testado pelo outro, devendo sentir no corpo o impacto da proximidade e do distanciamento do outro. Com esta vivência, além de reconhecer os próprios limites, as pessoas podem aprender que se comunicar com parceria é saudável e mantém a relação, ao contrário do conceito (errôneo) que tinham anteriormente.

Exemplo de história de sucesso

Sharma e Singh[16] publicaram um caso interessante: um homem, 35 anos, com diagnóstico de transtorno de personalidade dependente recebeu um tratamento de sucesso, com abordagem integrativa. O paciente foi criado em um ambiente extremamente controlador, onde decisões importantes de sua vida eram tomadas por seus pais; estava solteiro, mas com histórico de relacionamentos com grande dependência emocional do(a) parceiro(a), além de sentimentos intensos de ansiedade e depressão após o término de um relacionamento amoroso e ataques de pânico leves quando confrontado com situações que exigiam decisões autônomas. A proposta terapêutica — baseada em uma abordagem integrativa, que combinava aspectos da teoria cognitivo-comportamental, teoria psicodinâmica e Terapia de Aceitação e Compromisso — contemplava a Terapia Cognitivo-Comportamental, com foco na identificação e reestruturação de crenças disfuncionais sobre dependência e incapacidade; a Terapia Psicodinâmica, para exploração das relações de apego na infância e como elas moldaram o padrão de dependência no presente; e a Terapia de Aceitação e Compromisso visando trabalhar a aceitação dos sentimentos de ansiedade sem evitar situações que exigiam independência. Após um ano de tratamento, o paciente demonstrou melhora significativa na autoconfiança e maior capacidade de tomar decisões de forma independente, desenvolveu um relacionamento romântico mais equilibrado, com limites claros e menor dependência emocional e passou a relatar menos ansiedade em situações cotidianas e maior satisfação geral com sua vida.

Reflexão e conclusão

Neste Capítulo, aprendemos com estudiosos consagrados, a realizar o diagnóstico clínico e a compreender como as principais características do transtorno de personalidade dependente — submissão, ansiedade de separação e dependência emocional — afetam significativamente a qualidade de vida individual, relacional e sexual dos pacientes, muitas vezes, resultando em insatisfação sexual, vulnerabilidade a relacionamentos abusivos e até mesmo dificuldade em estabelecer uma identidade (emocional e sexual) própria. As intervenções terapêuticas devem considerar esses fatores em conjunto para trabalhar este problema amoroso-sexual de forma específica e eficaz.

Referências

1) Organização Mundial da Saúde (OMS). Classificação Estatística Internacional de Doenças e Problemas Relacionados à Saúde. 10. Ed. (CID-10). Genebra: Organização Mundial da Saúde, 1992.

2) Associação Americana de Psiquiatria (APA). Manual Diagnóstico e

Estatístico de Transtornos Mentais. 5. Ed. Texto Revisado (DSM-5-TR). Tradução oficial. Editora Artmed, 2023.

3) Bution DC, Wechsler AM. Dependência emocional: uma revisão sistemática da literatura. Estudos Interdisciplinares em Psicologia. 2016;7(1):77–102.

4) Bornstein RF (2006). The complex relationship between dependency and domestic violence: converging psychological factors and social forces. American Psychologist. 2006;61(6):595-606.

5) Arntz A (2005). Pathological dependency: Distinguishing functional from emotional dependency. Clinical Psychology: Science and Practice. 2005;12(4):411-416.

6) Bornstein, RF. Case Study: The Dependent Personality Disorder. Journal of Clinical Psychology. 1992;48(3): 331-334.

7) Millon T, Grossman S, Millon C, Meagher S, Ramnath R. (2004). Personality Disorders in Modern Life (2nd ed.). Hoboken, NJ: John Wiley & Sons; 2004.

8) Maffei C, Fossati A, Agostoni I, Barraco A, Magnato M, Deborah D, Namia C, Novella L, Petrachi M. Interrater reliability and internal consistency from DSM-IV Axis II personality disorders (SCID-II), version 2.0. Journal of Personality Disorders. 1997;11: 279–284.

9) Millon T, Grossman S, Millon C. Millon Clinical Multiaxial Inventory-IV (MCMI-IV) Manual. NCS Pearson; 2015.

10) Shedler J, Westen D. Refining personality disorder diagnosis: Integrating science and practice. American Journal of Psychiatry. 1998;155(2):233-245.

11) Cacioppo S., et al. The role of dependency traits in sexual compliance. Personality and Individual Differences. 2014;60(1):10-14.

12) Sansone RA, Sansone LA. Sexuality, intimate relationships, and borderline personality disorder. Innovations in Clinical Neuroscience. 2011;8(6):14-18.

13) Pinto-Gouveia J, Nobre P. (2016). Sexual dysfunction and personality disorders: A comprehensive analysis. Archives of Sexual Behavior. 2016;45(2):273-284.

14) Bornstein RF. Dependent personality disorder: New perspectives and evidence on etiology and treatment. American Journal of Psychotherapy. 2012;66(4):371-389.

15) Hofmann V, Huber CG. Sexual dysfunctions in patients with personality disorders. Journal of Sexual Medicine. 2014;11(6):1530-1540.

16) Sharma A, Singh R. A Case Study of Dependent Personality Disorder in a Male Patient: Treatment and Conceptualization from an Integrative Perspective. International Journal of Science and Research. 2020; 9(8):451-456.

5

CODEPENDÊNCIA EMOCIONAL: PRECISO TE SALVAR!

Quem busca salvar o outro, acaba se perdendo.
(Pia Mellody)

Conceituação preliminar

A codependência é um tema amplamente estudado em diversas áreas, como psicologia, psiquiatria, e em estudos sobre dependência química, com ênfase nos relacionamentos interpessoais e nas dinâmicas familiares disfuncionais.

Mesmo não sendo um diagnóstico formal em manuais como o CID-10 ou DSM-5-TR, a codependência — comportamento problemático, desajustado ou doentio, associado à vida, ao trabalho ou a qualquer outra situação de proximidade com uma pessoa dependente de drogas[1] — é uma dificuldade compreendida desde a década de 1970 e 1980 como um padrão frequente em familiares (mães, avós, mulheres, namoradas etc.) de dependentes químicos e que reflete a maneira como lidam com o dependente.

O termo codependência, inicialmente utilizado especificamente em pesquisas sobre dependência química, envolvendo familiares daqueles que abusam de álcool e outras drogas, com o avanço dos estudos sobre dependências comportamentais, tem sido utilizado, quase genericamente, para descrever um estilo de conduta disfuncional relativa também a dependências comportamentais como jogo patológico, compras compulsivas, compulsão sexual, dentre outros[2].

Embora não seja identificada como um transtorno psiquiátrico ou um problema amoroso-sexual propriamente dito, a codependência deve ser incluída neste Manual por dois motivos principais:

1) Pode estar presente isolada ou associada a alguns problemas amorosos-sexuais e, nesses casos, o profissional da saúde mental deve identificar e diferenciar para escolher estratégias de tratamento específicas e efetivas;

2) Devido à imprecisão entre este e outros termos utilizados na área dos problemas amorosos-sexuais, como citamos anteriormente, alguns autores relatam que codependência seria sinônimo de amor patológico ou de dependência emocional[3], ou mesmo um "termo moderno"[4] para descrever estes problemas, isto é, observa-se confusão entre o fenômeno da dependência ou adicção (por substâncias, comportamentos ou pela parceria) e o fenômeno apresentado pela parceria do dependente ou adicto (denominado codependência). Neste contexto, é de suma importância auxiliar o clínico nessa diferenciação.

Estudo de um caso clínico

A codependência é frequentemente relatada em publicações sobre drogadicção, pois este comportamento costuma ocorrer, em geral, em familiares ou em parceiros de pessoas que lidam com transtornos de uso de substâncias. Jones e Henderson[5], por exemplo, descrevem a parceira codependente de um homem com 29 anos, diagnosticado com dependência de álcool e cocaína, discutindo como a codependência pode ser observada em famílias de indivíduos com abuso de substâncias como um processo em que o cuidador ou parceiro do dependente químico assume responsabilidades excessivas e nega suas próprias necessidades emocionais.

Diagnóstico

A codependência emocional foi identificada como o principal problema da parceira que demonstrava:

1) Excessiva necessidade de cuidar do dependente (químico ou comportamental), mesmo em detrimento de suas próprias necessidades.

2) Padrão de relacionamentos em que a pessoa assume os papéis de "resgate" e controle sobre o dependente.

3) Baixa autoestima e medo de abandono sustentam a permanência em relacionamentos disfuncionais.

Histórico

Criada em uma família disfuncional, com pais ausentes e violência verbal, ela desenvolveu um papel de cuidadora precoce, especialmente do pai (alcoólatra), internalizando a crença de que precisava "salvar" outras pessoas para ser valorizada.

Na vida adulta, esta parceira teve múltiplos relacionamentos onde assumia a responsabilidade emocional e financeira pelos parceiros, com dificuldade em estabelecer limites e culpa exacerbada ao tentar se priorizar. Seu relacionamento atual com o paciente (dependente químico) começou com a esperança de que ela poderia ajudá-lo a "melhorar".

Sintomas

Os seguintes sintomas são observados na parceira do indivíduo dependente:

1) Controla excessivamente o paciente, monitorando suas atividades diárias, controlando as finanças e as decisões sobre o tratamento dele;

2) nega a gravidade do problema, justificando as recaídas ou minimizando os impactos negativos do comportamento do outro;

3) submete-se a comportamentos abusivos por medo de ser abandonada;

4) sintomas depressivos e ansiosos, especialmente durante períodos de recaída do parceiro;

5) ocorre isolamento social, com foco exclusivo no relacionamento.

Fatores Contribuintes

A codependente apresenta padrões aprendidos na infância relacionados a cuidar de figuras parentais disfuncionais, baixa autoestima e sensação de que o autovalor está associado a "cuidar do outro". No relacionamento, observa-se um ciclo de reforço, ou seja, quanto mais ela ajuda o parceiro, mais ele permanece dependente, o que reforçava sua própria percepção de indispensabilidade. Do ponto de vista social, a falta de redes de apoio fora do relacionamento também contribui para este padrão.

Tratamento

Diversas intervenções são realizadas neste caso. Durante processo de Terapia Cognitivo-Comportamental, trabalhou crenças disfuncionais, como "Se eu não cuidar dele, ele me abandonará" ou "Ele precisa de mim para melhorar". A psicoeducação sobre codependência ajuda a identificar comportamentos facilitadores e a estabelecer limites. A terapia de casal: enfatizou a importância de um relacionamento equilibrado, ao invés de cuidador-cuidado, onde ambos os parceiros assumem responsabilidades, além de trabalhar questões de comunicação assertiva e resolução de conflitos. Ela participa, ainda, de grupo de apoio Al-Anon para apoio para familiares e parceiros de dependentes químicos, onde ela encontra validação para suas experiências e aprende estratégias para lidar com a codependência.

Prognóstico

Ao longo de 6 meses de terapia, a codependente mostra progressos em reconhecer os seus próprios padrões de comportamento. Após um ano, reduz significativamente os comportamentos codependentes, retomando amizades e interesses pessoais. Os autores citam a possibilidade de recaída em padrões codependentes diante de crises no relacionamento e a necessidade de continuidade no processo de psicoterapia para reforçar os benefícios obtidos.

1) Você sabia que poderia ser utilizada uma abordagem abrangente para trabalhar a codependência? Acha que pode ser válida? Por quê?

____

____

____

____

____

____

2) Com base em sua percepção, a continuidade de um processo de psicoterapia é necessária? Até quando?

____

____

____

____

____

____

Fatores de risco

Fatores psicológicos e psicodinâmicos

Apesar da codependência ser um quadro distinto do amor patológico[6], no que se refere à dinâmica, ou à maneira de funcionar nas relações próximas, ambos se destacam pelo: 1) controle sobre a vida da parceria, inclusive horário de se alimentar, como se vestir dentre outros; 2) auto responsabilização pelas atitudes da parceria. Esta atitude controladora — que se opõe à submissão típica do dependente emocional — pode facilitar o comportamento irresponsável por parte do familiar ou parceiro, o que não é o objetivo deste Manual debater.

Os padrões de conduta e de pensamentos controladores geram sofrimento e são, em geral, compulsivos[7]. Provavelmente, em decorrência da baixa autoestima, ambos pleiteiam o papel de "salvador" ou de "consertador" do familiar com o intuito de se sentirem "por cima"[6,8].

Devido a estas semelhanças, acreditamos que parte da população com amor patológico possa estar sendo tratada, nos ambulatórios de tratamento para dependência química, como codependente, isto é, recebendo somente orientação sobre como lidar com a dificuldade do familiar[6,9].

Apesar das semelhanças, quatro fatores psicológicos e do relacionamento visivelmente caracterizam a codependência e a diferenciam do amor patológico:

1) A ambivalência é um comportamento típico do codependente[10], diferentemente do que ocorre no amor patológico[6]. Apesar dos familiares codependentes crticarem o uso de drogas, eles tipicamente apresentam condutas facilitadoras para a recaída quando os dependentes estão abstinentes, como emprestar o cartão para comprar drogas, fabricar um bar na casa de alcoolista ou encobrir o uso iludindo os demais familiares[6,9];

2) Em relação à personalidade, é sabido que a "cooperatividade" (ajuda desinteressada, tolerância e empatia social) normalmente é elevada entre codependentes. Em análise realizada na Califórnia com abordagem qualitativa[11], dados coletados com seis homens adultos com idades entre 18 e 50 anos, que cresceram em lares com pelo menos um dos pais apresentando comportamento alcoólico e que se identificavam como codependentes, confirmam altos níveis de codependência, que impactam negativamente a capacidade de estabelecer limites saudáveis e cooperar de forma equilibrada (menos) em relacionamentos. Em pessoas com amor patológico, encontramos o contrário: o nível de cooperatividade é menor do que em pessoas saudáveis[6]. A experiência clínica tem mostrado que os pacientes com amor patológico prestam cuidados à parceria com o intuito de obter uma vantagem pessoal (afeto), sem respeitar as necessidades e interesses do outro, muitas vezes com atitude exigente quando não recebe o esperado, contrariamente ao conceito de cooperatividade, que inclui habilidade de empatizar e, no caso do codependente, empatizar em excesso;

3) Como já abordamos, a codependência pode afetar mães (e pais), avós (e avôs), filhos(as), esposas (e maridos) e namorados(as) de pessoas portadores de dependência (química ou comportamental), diferentemente do amor patológico, que se manifesta apenas em relacionamentos amorosos[6,8];

4) Por último, a codependência se manifesta em relação a parceiros dependentes de substâncias ou de comportamentos, já o amor patológico pode se expressar em parcerias não dependentes.

Fatores socioculturais, familiares e relacionais

Alguns autores acreditam que o padrão de condutas da codependência é decorrente do próprio relacionamento com um dependente químico. O estresse de viver com um alcoolista, por exemplo, favoreceria a presença de personalidades codependentes entre as esposas de alcoólatras[12].

Outros acrescentam que, além de impactar negativamente a saúde mental dos cuidadores, a codependência pode dificultar o tratamento do dependente, contribuindo para perpetuar o ciclo de adição no contexto do casal e da família[4,13].

Corroborando com essa ideia de adoecimento para ambos os parceiros, Weegmann e Cohen[14] identificam que vergonha, culpa e medo de rejeição são as emoções prevalentes, tanto entre os parceiros codependentes quanto nos dependentes químicos.

Para Mellody e Freundlich[13], a causa dessas emoções negativas entre os codependentes pode ter a sua raiz na infância. Em seu livro *Facing Codependence: What It Is, Where It Comes, How It Sabotages Our Lives*, as autoras discutem como experiências de trauma emocional e abuso na infância frequentemente levam ao desenvolvimento de comportamentos codependentes, enfatizando que essas experiências moldam percepções negativas de si mesmo e do outro, prejudicando a capacidade de estabelecer intimidade com a parceria.

Fatores biológicos e neuroquímicos

Não encontramos pesquisas que foquem diretamente nos fatores biológicos ou neurobiológicos da codependência emocional. Embora os autores foquem principalmente em aspectos psicológicos, emocionais e relacionais da codependência, estudos no campo da neurociência e da psicobiologia podem contribuir para a compreensão de como padrões de apego, regulação emocional e funcionamento cerebral estão envolvidos na codependência.

Por exemplo, acredita-se que o comportamento de autossacrifício, típico da codependência, envolva também fatores neuroquímicos relativos ao hormônio oxitocina, que está associado ao apego e poderia intensificar os vínculos emocionais e comportamentos de cuidado, promovendo o sacrifício excessivo típico da codependência[15].

Com relação à cooperatividade excessiva, um estudo interessante sobre hereditariedade e genética[16] concluiu que traços como empatia excessiva ou dificuldade em estabelecer limites podem ter uma base genética. Além disso, acredita-se que filhos de pais com dependência química apresentam maior probabilidade de desenvolver comportamentos codependentes devido a fatores hereditários (e ambientais), dado relativo ao histórico familiar e que deve estar "no radar" do clínico que trabalha com este perfil e com sua parceria.

Avaliação diagnóstica por entrevista

A avaliação da codependência não segue critérios diagnósticos formais em manuais como a CID-11 ou o DSM-5-TR, pois ela não é reconhecida como um transtorno psiquiátrico. No entanto, instrumentos psicológicos, pesquisas científicas e critérios comportamentais e psicológicos são aceitos como formas de identificar e avaliar a codependência em contextos clínicos ou terapêuticos.

Mellody e Freundlich[13], por exemplo, indicam os seguintes critérios comportamentais e psicológicos a serem avaliados em entrevista clínica para identificação da codependência[14]:

1) Preocupação excessiva com o outro: foco extremo em atender e cuidar das necessidades emocionais e físicas do outro, em detrimento das próprias necessidades.

2) Dificuldade com limites: problemas para estabelecer limites saudáveis em relacionamentos, levando ao excesso de sacrifício pessoal.

3) Baixa autoestima: sentimento de insuficiência ou necessidade de validação externa constante.

4) Controle e resgate: tentativas de controlar o comportamento do outro ou de assumir responsabilidade por seus problemas.

5) Evitação de conflitos: medo de desagradar ou de ser abandonado, evitando frequentemente confrontos necessários.

6) Padrões de relacionamento disfuncionais: envolvimento repetitivo em relacionamentos caracterizados por dependência emocional ou abuso.

Em 2010, Marks e Murray[17] contribuem com um entendimento sobre os componentes behavioristas e emocionais da codependência, concluindo que os principais indicadores seriam os comportamentos obsessivo-compulsivos nos relacionamentos, além dos padrões emocionais de autossacrifício, de modo que esses aspectos devem ser incluídos em programas terapêuticos específicos para este problema amoroso-sexual.

Pergunta rápida para fixação deste quadro: se você não tivesse este Manual acessível e estivesse diante de um caso com suspeita de codependência para avaliar, quais seriam os dois critérios mais importantes para você analisar em primeira instância:

1)

____

____

2)

____

____

Avaliação diagnóstica por instrumentos

Além da avaliação por entrevista, a codependência também pode ser analisada com a aplicação dos seguintes questionários:

1) *Codependency Assessment Tool* (CODAT)[18]: instrumento desenvolvido por Hughes-Hammer et al. que avalia aspectos como foco excessivo no outro, negação das próprias necessidades e padrões de controle.

2) *Span-Fischer Codependency Scale*[19]: uma das escalas mais utilizadas, que mede a intensidade da codependência em aspectos como dificuldade em expressar emoções e comportamentos sacrificiais.

3) *Composite Codependency Scale* (CCS)[20]: analisa componentes como autoconceito, relações interpessoais e padrões de enfrentamento.

Sexologia e impacto na vida sexual

Alguns pesquisadores analisaram questões relativas à sexualidade ou à vida sexual de pessoas com características de codependência. Esses estudos, geralmente, avaliam os impactos da codependência em relações amorosas-sexuais e comportamentos sexuais, bem como os padrões emocionais e psicológicos que afetam a sexualidade.

Em sua pesquisa sobre como a codependência e a dependência química podem impactar nas relações sexuais e na intimidade, Weegmann e Cohen[14] concluem que a dependência química interfere significativamente na capacidade de indivíduos estabelecerem e manterem relacionamentos amorosos-sexuais saudáveis, enquanto a codependência perpetua ciclos de controle-resgate e negligência emocional, impedindo a intimidade e alimentando padrões disfuncionais de interação entre os parceiros. Esses autores explicam que parceiros codependentes costumam negligenciar suas próprias necessidades emocionais e sexuais. Enquanto tentam "gerenciar" ou "curar" o dependente químico e as suas emoções principais (vergonha, culpa e medo de rejeição), dificultam a construção de confiança e autenticidade nos relacionamentos.

Analisando pessoas que utilizam a sexualidade como ferramenta de controle — um dos comportamentos típicos deste quadro conforme estudamos anteriormente neste Manual — Irons e Schneider[21] observam que, quando a sexualidade é utilizada como uma forma de controlar ou reter o parceiro, ou como um mecanismo para validar a própria autoestima, podem ser gerados padrões de comportamento sexual evitativo ou compulsivo, além da piora da insatisfação relacional e das dificuldades emocionais. Esse estudo discute como a codependência em famílias de dependentes químicos pode influenciar a dinâmica sexual, resultando, frequentemente, em padrões relacionais disfuncionais e insatisfação relacional.

Alguns autores[13] relatam, ainda, que muitas pessoas com codependência têm histórico de abuso emocional ou sexual durante a infância, o que pode afetar negativamente a percepção delas mesmas e, consequentemente, da sua sexualidade. Este fato contribui para uma dinâmica emocional disfuncional nos relacionamentos amorosos-sexuais.

Propostas de tratamento e estratégias psicoterapêuticas

Não restam dúvidas de que abordagens terapêuticas focadas na recuperação da dependência química devem incluir um trabalho relacional para tratar a codependência, com o objetivo principal de auxiliar a promover limites saudáveis, consciência emocional e construção da confiança nos relacionamentos.

Com base na literatura e indicações de especialistas, as seguintes propostas são indicadas para a codependência:

1) Terapia Cognitivo-Comportamental[22]: muito utilizada para ajudar pacientes a identificar e alterar padrões disfuncionais de pensamento e comportamento relacionados à codependência, neste caso, enfatizando o estabelecimento de limites saudáveis e a construção de uma autoimagem positiva.

2) Terapia Focada em Trauma[23]: em casos em que a codependência está ligada a traumas prévios, como abuso emocional ou físico, terapias focadas no processamento de traumas, como *EMDR* (Eye Movement Desensitization and Reprocessing), podem ser eficazes.

3) Terapia de Casal ou Familiar[24,25]: trabalhar com a dinâmica familiar que pode estar contribuindo para melhorar sintomas da codependência, promovendo padrões mais saudáveis de interação e comunicação.

4) Grupos de Ajuda Mútua: frequentar o *Codependents Anonymous* (CoDA)[26]. Inspirado em programas de 12 passos, como Alcoólicos Anônimos (AA), pode fornecer apoio mútuo, onde codependentes podem compartilhar experiências e se ajudar na recuperação. Os grupos de familiares Al-Anon[27] (para familiares e amigos de dependentes químicos), com foco no manejo das consequências emocionais da codependência, também são recomendados.

5) *Mindfulness* e Meditação[28]: técnicas de *mindfulness* são usadas para ajudar os codependentes se reconectarem consigo mesmos, desenvolverem consciência emocional e reduzirem a reatividade aos comportamentos do outro.

6) Abordagens integrativas[21]: combinação de práticas de autocuidado físico, emocional e espiritual são frequentemente incluídas em programas terapêuticos para codependência.

7) Educação Psicoeducativa[4,13]: *workshops* e leituras sobre codependência são sugeridos por alguns especialistas como parte do processo de conscientização.

8) Acompanhamento psiquiátrico[29]: em caso de comorbidades, medicamentos podem ser prescritos para tratamento dos transtornos psiquiátricos associados à codependência, como ansiedade ou depressão.

Exemplo de história de sucesso

Um exemplo de história de sucesso sobre a recuperação da codependência pode ser encontrado na literatura de autoajuda e terapêutica[4]. Trata-se do caso "Karen" (nome fictício), codependente, em relacionamento disfuncional com parceiro alcoolista e que busca constantemente salvar o parceiro, deixando de lado as suas próprias necessidades. Assim, foi perdendo sua identidade. Embora o livro não forneça um relato clínico detalhado, destaca várias abordagens e momentos transformadores que "Karen" experimenta durante o tratamento. A sua participação no *Codependents Anonymous* (CoDA) desempenhou um papel central em sua recuperação, pois neste grupo ela percebe como seus comportamentos estavam centrados no controle e na necessidade de aprovação de seu parceiro alcoolista. Um momento incrível ocorre quando ela teve que confrontar a ideia de "deixar ir" durante uma reunião do CoDA, compartilhando sua dificuldade em soltar a responsabilidade pelo parceiro e depois disse: "Aprendi que amar alguém não significa sacrificar minha própria vida ou felicidade". Ao mesmo tempo, o tratamento teve foco no autocuidado, que ajuda "Karen" a incorporar práticas de autocuidado, aprendendo a priorizar suas próprias necessidades. Apesar de não ser mencionada uma abordagem específica, o processo terapêutico de "Karen" parece estar alinhado com princípios da Terapia Cognitivo-Comportamental e da psicoterapia centrada na pessoa, sendo que, com a primeira, reconhece pensamentos automáticos e crenças que a mantinham presa à codependência, como "Se eu não ajudar, ele não vai sobreviver", e, com a segunda abordagem, passa a identificar padrões relacionados a experiências infantis, especialmente aqueles conectados à negligência emocional e ao medo de abandono.

Reflexão e conclusão

Neste Capítulo, aprendemos sobre a identificação e o tratamento da codependência que, embora não seja um diagnóstico classificado, é uma dificuldade que gera sofrimento e que é frequentemente encontrada na clínica médica, psiquiátrica e psicológica, sobretudo de profissionais que trabalham com dependência química e/ou comportamental. Esperamos que, a partir deste Capítulo, a sua percepção sobre a codependência emocional tenha sido clareada e aprofundada, de modo a contribuir para o desenvolvimento de propostas eficazes voltadas para este problema.

Referências

1) Lawson T. Alcoolismo: uma orientação para as famílias. Campinas: Ed. Raboni; 1999.

2) Stafford LL. Is codependency a meaningful concept? Issues Ment Health Nurs. 2001;22(3):273-86.

3) Bution DC, Wechsler AM. Dependência emocional: uma revisão sistemática da literatura. Estudos Interdisciplinares em Psicologia. 2016;7(1):77–102.

4) Beattie M. Codependent No More: How to Stop Controlling Others and Start Caring for Yourself. Center City, MN: Hazelden Publishing; 1986.

5) Jones M, Henderson K. Codependency in Families of Substance Abusers: A Clinical Case Study. International Journal of Science and Research. 2012;1(1):1-5.

6) Sophia EC Amor patológico: Aspectos clínicos e de personalidade. Dissertação de Mestrado, Faculdade de Medicina, Universidade de São Paulo; 2008

7) Prest LA, Benson MJ, Protinsky HO. Family of origin and current relationship influences on codependency. Family Process. 1998;37(4):513-28.

8) Sophia EC, Tavares H, Berti MP, Pereira AP, Lorena A, Mello C, Gorenstein C, Zilberman ML. Pathological love: impulsivity, personality, and romantic relationship. CNS Spectr. 2009 May;14(5):268-74.

9) Rotunda RJ, West L, Ofarrell TJ. Enabling behaviour in a clinical sample of alcohol-dependent clients and their partners. J Subst Abuse Treat. 2004;26(4):269-76.

10) Mello EKN. Família: a doença que somos nós. O mundo da saúde. 1999;23(1):32-35.

11) Tolossa D, Parekh B, Lopez, B. A Qualitative Approach to Codependence in Men: Effects on Romantic Relationships. Open Access Journal of Addiction and Psychology. 2021;4(4).

12) Stanley S. Co-dependency: Personality correlates in spouses of alcoholics. Indian J Soc Work. 2004;65(2):213-26.

13) Mellody P, Freundlich LS. Facing Codependence: What It Is, Where It Comes, How It Sabotages Our Lives. Harper & Row, Nova York, EUA. 1989.

14) Weegmann M. Cohen, R. Understanding addiction and intimacy. British Journal of Psychotherapy. 2002;19(1):67–80.

15) Carter CS. Neuroendocrine perspectives on social attachment and love. Psychoneuroendocrinology. 1998;23(8):779–818.

16) Kendler KS, Prescott CA, Myers J, Neale MC. The structure of genetic and environmental risk factors for common psychiatric and substance use disorders in men and women. Archives of General Psychiatry. 2003;60(9):929–937.

17) Marks D F, Murray M. Health Psychology: Theory, Research, and Practice. Sage Publications; 2010.

18) Hughes-Hammer C, Martsolf DS, Zeller RA. Development and testing of the Codependency Assessment Tool. Archives of Psychiatric Nursing. 1998;12(5):264–272.

19) Fischer JL, Spann L, Crawford D. Measuring codependency. Alcoholism Treatment Quarterly. 1991;8(1):87–100.

20) Marks DF, Murray M, Evans B, Estacio EV. Health Psychology: Theory, Research, and Practice. Sage Publications; 2010.

21) Irons R, Schneider JP. The Wounded Healer: Addiction-Sensitive Therapy. Arlington: Jason Aronson; 1994.

22) Beck JS. Cognitive Behavior Therapy: Basics and Beyond. Guilford Press; 2011.

23) Shapiro F. Eye Movement Desensitization and Reprocessing (EMDR): Basic Principles, Protocols, and Procedures. Guilford Press;2001.

24) Bowen M. Family Therapy in Clinical Practice. Jason Aronson;1978.

25) Johnson, S. M. Hold Me Tight: Seven Conversations for a Lifetime of Love. Little, Brown; 2008.

26) Codependents Anonymous, Inc. Co-Dependents Anonymous. Phoenix: CoDA Resource Publishing; 1995.

27) Al-Anon Family Groups How Al-Anon Works for Families & Friends of Alcoholics. Virginia Beach: Al-Anon Family Group Headquarters;1992.

28) Kabat-Zinn J. Wherever You Go, There You Are: Mindfulness Meditation in Everyday Life. Hyperion; 1994.

29) Sadock BJ, Sadock VA, Ruiz P. Kaplan and Sadock's Synopsis of Psychiatry: Behavioral Sciences/Clinical Psychiatry. Wolters Kluwer; 2015.

6

EROTOMANIA: ALGUÉM IMPORTANTE ME AMA!

Na erotomania, a fantasia de ser amado substitui a realidade do desejo não correspondido
(DSM-5)

Conceituação preliminar

Neste Capítulo, vamos estudar a erotomania, um problema amoroso-sexual raro[1], psicótico e grave, a ponto de sobressair a qualquer outro quadro estudado neste Manual. Ou seja, para que um paciente receba o diagnóstico de amor patológico, ciúme patológico, dependência emocional ou transtorno de personalidade dependente, é necessário que o quadro não seja bem explicado pela erotomania ou qualquer outro transtorno psicótico.

Também conhecida como síndrome de Clérambault, a erotomania é um transtorno delirante, em que o paciente acredita, de forma infundada e persistente, que outra pessoa — em geral, de posição superior ou importante — está apaixonada por ela. Este delírio — acreditar que está sendo amado — ocorre dentro da cabeça do paciente, caracterizando um distúrbio do pensamento. Importante diferenciar do que ocorre em outros transtornos psicóticos, como esquizofrenia, em que o paciente também apresenta alucinação, um distúrbio da percepção que envolve qualquer um dos sentidos (ex. ouvir vozes – alucinação auditiva) e ocorre na ausência de um estímulo externo. A diferença fundamental entre delírio e alucinação reside na natureza dos fenômenos, portanto[1].

O psiquiatra francês Gaëtan Gatian de Clérambault[2] foi o primeiro a descrever este distúrbio, em 1921, como uma forma de delírio erotomaníaco, cujas características principais são:

1) Convicção persistente de que a pessoa alvo do delírio iniciou um contato amoroso om ele;

2) o paciente acredita conseguir decifrar os sinais codificados de "amor", como gestos, olhares ou presentes;

3) o delírio costuma apresentar três estágios: esperança, decepção e rancor.

Posteriormente, outros estudiosos classificaram e identificaram o seu curso variável, com remissões espontâneas ou evolução para delírios rancorosos, sendo que, atualmente, a erotomania está categorizada na CID-10[3] (F22.0) como Transtorno Delirante Persistente e, no DSM-5-TR[4], faz parte do espectro de Transtornos Delirantes, subtipo erotomaníaco.

Estudo de um caso clínico

O estudo clínico interessante e inerente à psiquiatria forense, publicado no *Journal of the American Academy of Psychiatry and the Law*, descreve um caso de uma mulher de 35 anos, solteira, escolaridade superior, que desenvolve erotomania em relação a um médico renomado, famoso e frequentemente presente na mídia. No artigo, Silva et al.[5] detalham uma paciente com características clássicas de erotomania e oferecem informações sobre diagnóstico, sintomas e intervenções terapêuticas.

Diagnóstico

Transtorno delirante do tipo erotomaníaco, com base nos critérios do DSM-IV (vigente à época) e caracterizado pela crença fixa e infundada de que o médico famoso estava romanticamente interessado nela.

Histórico

Paciente com um histórico de isolamento social desde a adolescência.

Ela relata relações interpessoais limitadas e dificuldade em formar vínculos emocionais genuínos. Não apresenta histórico de abuso de substâncias ou transtornos de humor.

A paciente passa a acreditar que o médico envia sinais codificados para expressar o amor dele por ela, inclusive durante as aparições dele na televisão.

Sintomas

Após a paciente assistir repetidamente a entrevistas do médico na televisão, passa a interpretar suas falas e gestos como mensagens codificadas de amor dirigidas exclusivamente a ela, com comportamentos de perseguição e tentativas repetidas de contato com o médico famoso (alvo do delírio), além de enviar de cartas e presentes a ele. Ocorrem também tentativas de contatar o médico por telefone e e-mail e, inclusive, de visitar o consultório do médico em diversas ocasiões, acreditando que ele "esperava por ela".

Assim, o delírio central é a crença firme de que o médico estava apaixonado por ela, com interpretação errônea de sinais (entender gestos ou expressões públicas do médico como provas de afeto) e sem alucinações (não apresenta sintomas psicóticos adicionais, como alucinações auditivas ou visuais).

Ocorre impacto funcional na vida da paciente, uma vez que a obsessão afeta sua vida pessoal e profissional, levando à perda do emprego.

Fatores Contribuintes

Silva et al.[5] mencionam vários fatores contribuintes que provavelmente desempenham um papel importante no desenvolvimento da erotomania nessa paciente. Somados, esses fatores provavelmente criam o terreno para o surgimento e manutenção do quadro — pois o delírio pode ser compreendido como uma tentativa psicológica de preencher lacunas emocionais e sociais —, porém, resultando em um comportamento bastante disfuncional e invasivo. Os fatores são[5]:

1) Isolamento social: com histórico de relacionamentos interpessoais limitados desde a adolescência, o seu isolamento social pode ter reduzido oportunidades de estabelecer vínculos emocionais saudáveis, favorecendo a idealização de um "amor" impossível.

2) Tendência à interpretação errônea de sinais: vulnerabilidade cognitiva a interpretar de forma distorcida as informações, gestos e expressões neutras como sendo mensagens pessoais e íntimas.

3) Fantasia compensatória: o vínculo ilusório com o médico pode ter servido como uma estratégia psicológica compensatória para lidar com a insatisfação pessoal e a solidão.

4) Exposição repetida ao alvo do delírio: a exposição constante do médico na mídia reforça o delírio, criando a sensação de que ele "fala diretamente para ela".

5) Contexto sociocultural: a cultura pode favorecer o desenvolvimento de delírios erotomaníacos, sendo que a percepção idealizada de figuras públicas (médicos, artistas ou líderes) pode alimentar fantasias de proximidade emocional.

Tratamento

O tratamento inclui dois pilares:

1) Farmacológico: antipsicóticos atípicos foram prescritos, com resposta parcial: redução na intensidade dos comportamentos de perseguição, mas o delírio persistiu, em um grau menos invasivo.

2) Terapia Cognitivo-Comportamental: com foco na modificação de crenças delirantes, estratégias para desenvolver consciência da realidade e técnicas de manejo do comportamento obsessivo.

Prognóstico

A paciente apresentou melhora moderada, observando-se diminuição na frequência dos comportamentos de perseguição, delírio persistente em menor grau, embora sem grandes crises durante os dois anos de acompanhamento. Houve recaídas ocasionais associadas à visão do médico na mídia.

1) Você já teve oportunidade de acompanhar um caso de erotomania antes? Se aparecer um caso no seu consultório, ambulatório ou em sua vida hoje, sente-se seguro(a) para avaliá-lo?

____

____

____

____

2) Com base em seu conhecimento, que tipo de medicação ou abordagem/estratégia você indicaria para casos de erotomania?

____

____

____

____

Fatores de risco

Fatores psicológicos e psicodinâmicos

Em casos graves, pacientes com erotomania podem praticar *stalking* ou ter comportamentos de perseguição e de aproximação inadequados, neste caso, frequentemente motivados pela ilusão de reciprocidade[6], comportamento de risco que pode trazer consequências legais.

Para Silva et al.[5], outros fatores psicológicos relacionados a padrões cognitivos e traços de personalidade também podem facilitar o desenvolvimento da erotomania, como:

1) Distorções cognitivas: tendência de interpretar gestos neutros (como um sorriso ou olhar) como demonstrações românticas. Exemplos: "Sou digno de amor apenas por pessoas especiais"; "Se eu sinto algo, deve ser real".

2) Carência emocional e baixa autoestima: o delírio age como compensação para sentimentos de inadequação e para a necessidade de validação.

Na mesma época, Nasrallah[7], além de confirmar a baixa autoestima, identifica correlação entre erotomania e narcisismo, o que é compreendido por este autor como uma forma de manter a autoestima, isto é, projetando o amor idealizado no outro e acreditando ser especial o suficiente para atrair alguém importante[7].

Posteriormente, o renomado estudioso sobre personalidade, Theodore Millon[8], relaciona a erotomania a traços de personalidade paranoide e dependente, enfatizando que esta condição reflete uma necessidade psicológica de compensar sentimentos de inadequação e de solidão. Dentro desse entendimento, a erotomania funcionaria como uma defesa contra sentimentos de rejeição, solidão ou fracasso emocional, de modo que o indivíduo idealizaria outra pessoa inacessível, criando um vínculo ilusório que preencheria suas lacunas emocionais. Ou seja, conflitos não resolvidos na infância seriam deslocados para figuras idealizadas na vida adulta[9].

Dentro da leitura psicodinâmica da doença como um mecanismo de defesa do ego, as seguintes defesas seriam utilizadas[9]: projeção (os próprios desejos inconscientes do paciente são projetados no outro); negação (a evidência contrária à crença delirante é negada para proteger o ego de frustrações); racionalização (justificativas racionais para os comportamentos obsessivos, como interpretar gestos ou falas como sinais românticos).

Fatores socioculturais, familiares e relacionais

Sobre fatores socioculturais, alguns autores acreditam que, na modernidade, as redes sociais têm ampliado o acesso aos "alvos", facilitando comportamentos como perseguição online (*cyberstalking*). Phillips e Menard[10], por exemplo, relatam sobre o papel da cultura e da mídia neste quadro, relatando que o foco em figuras públicas (celebridades, médicos, artistas) refletiria a influência cultural e midiática, que poderia exacerbar as fantasias românticas. Para eles, a exposição contínua a essas figuras reforça o vínculo delirante.

Com relação aos fatores familiares, experiências traumáticas na infância são apontadas como um possível sinal de alerta para erotomania. Histórico de abuso emocional ou abandono na infância são fatores importantes e que poderiam predispor o paciente a criar vínculos irreais para evitar a dor do passado[5].

Fatores biológicos e neuroquímicos

Adicionalmente aos fatores psicosociais, alguns estudos neuropsiquiátricos realizados com neuroimagem[11,12] e revisões[13,14] localizam e exploram os mecanismos cerebrais inerentes aos transtornos delirantes, identificando associação entre erotomania e disfunções em áreas cerebrais, como o sistema límbico e o córtex pré-frontal. Essas redes neurais específicas parecem contribuir para o surgimento de delírios, incluindo o papel do córtex pré-frontal na regulação de crenças delirantes das pessoas com erotomania.

Seeman[13] revisa casos de erotomania e discute sobre as possíveis bases neurobiológicas, as quais contribuiriam para as alterações no processamento emocional e nas conexões límbicas dos pacientes, dado que é confirmado pela revisão abrangente realizada por McCarthy-Jones e Longden[14], a qual conclui que disfunções neurobiológicas podem gerar delírios como os relacionados à erotomania. Um estudo de caso interessante[11] foi realizado na Austrália com uma senhora que acreditava ser amada pelo médico que a tratou anteriormente; clinicamente, constata-se que ela havia recebido radioterapia na área periorbital esquerda na infância e, durante a pesquisa, o exame de neuroimagem estrutural e funcional revelou lesão no lobo temporal medial.

Avaliação diagnóstica por entrevista

Kaplan e Sadock[1] descrevem a erotomania como um diagnóstico raro e frequentemente associado a transtornos psiquiátricos subjacentes. Relatam a alta incidência de comorbidades, como transtorno bipolar ou esquizofrenia paranoide e enfatizam que os alvos dos delírios frequentemente pertencem a círculos inacessíveis ao indivíduo, como celebridades.

Assim como ocorre em relação ao transtorno de personalidade dependente, a erotomania está classificada e com diagnóstico formal estabelecido, tanto na CID-10[3] quanto no DSM-5-TR[4].

Segundo a CID-10[3], as características principais a serem analisadas para diagnosticar a erotomania são:

1) Presença de delírio central referente à expectativa ilusória de que outra pessoa, frequentemente de status social elevado, está apaixonada pelo paciente.

2)Ausência de outros sintomas psicóticos significativos, como alucinações.

3) Comportamento pode incluir tentativas de contato repetidas, mensagens ou presentes para a pessoa "amada" (*stalking*).

4) Diagnóstico diferencial: deve ser diferenciada de esquizofrenia, transtorno bipolar e outros transtornos delirantes.

Para o DSM-5-TR, os critérios diagnósticos são, como de praxe, semelhantes aos anteriores, a saber:

1) O delírio de que alguém está apaixonado pelo paciente é fixo e não corresponde à realidade.

2) Não há comprometimento significativo do funcionamento cognitivo geral ou outros sintomas psicóticos.

3) O comportamento do indivíduo pode incluir perseguição ou vigilância da pessoa alvo do delírio (*stalking*).

4) Critérios de exclusão: não atribuído a efeitos de substâncias, condições médicas ou outros transtornos psicóticos, como esquizofrenia.

Como explicamos no início deste Capítulo, para o diagnóstico, é importante realizar o diferencial com outros transtornos psicóticos, como a esquizofrenia.

Avaliação diagnóstica por instrumentos

Existem algumas escalas e instrumentos que podem ser úteis para profissionais de saúde mental na avaliação da erotomania, como:

1) Escala de Erotomania de Norr (*Norr Erotomania Scale*)[15]: mede a intensidade dos sentimentos erotomaníacos.

2) Questionário de Delírios de Amor (*Love Delusion Questionnaire*)[16]: analisa a crença em relacionamentos românticos não correspondidos.

Sexologia e impacto na vida sexual

A erotomania envolve a construção de uma relação ilusória intensa com o objeto da obsessão. Estudos sobre delírios erotomaníacos mostram que o foco excessivo pode limitar o desejo ou interesse por relações reais. Assim, a sexualidade frequentemente se manifesta no plano da fantasia, a qual pode substituir o envolvimento emocional e físico com parceiros reais[13].

Para Kaplan et al.[17], este quadro poderia levar à repressão ou exacerbação de comportamentos sexuais. A repressão ocorreria quando a pessoa sublima suas emoções em fantasias, enquanto a exacerbação resultaria de impulsividade associada à frustração afetiva.

Além disso, distúrbios relacionados à autoestima e à identidade sexual são comuns em pessoas com transtornos delirantes, incluindo a erotomania[4]. Esses fatores podem exacerbar a dificuldade para formar vínculos afetivos e sexuais autênticos.

Propostas de tratamento e estratégias psicoterapêuticas

O nosso estudo de caso no início deste Capítulo mostra como o tratamento da erotomania é desafiador, devido à:

1) Dificuldade em modificar delírios profundamente arraigados;

2) necessidade de abordagens integradas (farmacológicas e psicoterápicas);

3) importância do acompanhamento a longo prazo para prevenir recaídas.

Além disso, vimos que o prognóstico é limitado, podendo haver recaídas frequentes ao longo de anos de acompanhamento.

Segundo Freeman et al.[18], o tratamento da erotomania deve combinar psicoterapia e medicação antipsicótica para reduzir os delírios. Este autor recomenda a Terapia Cognitivo-Comportamental para tratar os pensamentos distorcidos e promover uma reconstrução saudável da autoestima. Durante o tratamento, questões relacionadas à sexualidade devem ser trabalhadas para ajudar o indivíduo a redescobrir uma vida afetiva mais equilibrada.

Como você trabalharia quando o delírio aparece no *setting* de terapia? Tem alguma sugestão de estratégia em mente? Descreva-a aqui.

Exemplo de história de sucesso

Uma história de sucesso no tratamento de uma paciente com erotomania, publicada no *Advances in Mental Health and Intellectual Disabilities*[19] mostra uma remissão atípica nesta condição, usando Terapia Cognitivo-Comportamental combinada com suporte comunitário. A abordagem terapêutica envolve a eliminação de reforços sociais aos delírios e o fortalecimento de relações sociais positivas. Medicamentos, como risperidona e paroxetina, são gradualmente descontinuados devido à sua ineficácia inicial, e o foco permanece na psicoterapia. Em três anos, a paciente apresenta remissão completa dos delírios e retorna ao funcionamento normal. Essa história de sucesso mostra que uma abordagem combinada envolvendo psicoterapia estruturada e colaboração com redes de suporte social é fundamental para o sucesso do tratamento.

Reflexão e conclusão

Neste Capítulo, estudamos sobre o problema amoroso-sexual mais grave do nosso Manual. Diferentemente dos quadros estudados anteriormente, onde a necessidade de tratamento medicamentoso está condicionada a existência de outros transtornos psiquiátricos associados, a erotomania requer acompanhamento psiquiátrico para remissão do delírio e exclui qualquer outro diagnóstico.

Referências

1) Sadock BJ, Sadock VA, Ruiz P. Kaplan and Sadock's Comprehensive Textbook of Psychiatry; 2014.

2) Clérambault GG. de. Les psychoses passionnelles. Revue Neurologique; 1921.

3) Organização Mundial da Saúde (OMS). (1992). Classificação Internacional de Doenças e Problemas Relacionados à Saúde: CID-10.

4) American Psychiatric Association. (2022). Diagnostic and Statistical Manual of Mental Disorders, Fifth Edition, Text Revision (DSM-5-TR).

5) Silva JA, Leong GB, Weinstock R, Boyer CL. Delusional misidentification syndromes and erotomania in forensic psychiatry. Journal of the American Academy of Psychiatry and the Law. 2004;32(4):371-378.

6) Mullen PE, Pathe M, Purcell R, Stuart GW. Study of stalkers. The American Journal of Psychiatry. 1999;156(8):1244–1249.

7) Nasrallah HA. Neurobiology of Delusional Misidentification Syndromes. CNS Spectrums. 2003;8:771-776.

8) Millon T, Davis R. Disorders of Personality: DSM-IV and Beyond; 1996.

9) Freedman AM, Kaplan HI, Sadock BJ. Comprehensive Textbook of Psychiatry. Baltimore: Williams & Wilkins; 1972.

10) Phillips KA, Menard W. Insight, Overvalued Ideas, and Delusions in Body Dysmorphic Disorder: Clinical Features and Relationship to Treatment Outcome. CNS Spectrums. 2001;6:756-762.

11) Wijeratne C, Hickie I, Schwartz R. Erotomania associated with temporal lobe abnormalities following radiotherapy. Aust N Z J Psychiatry. 1997;31(5):765-8.

12) Moghaddam B, Javitt DC. From Revolution to Evolution: The Glutamate Hypothesis of Schizophrenia and its Implication for Treatment. Neuropsychopharmacology. 2012;37(1):4-15.

13) Seeman MV. Erotomania Revisited. Current Psychiatry Reports. 2016;18(5):44.

14) McCarthy-Jones S, Longden E. The Neuroscience of Hallucinations and Delusions. Schizophrenia Bulletin. 2015;41(2):509-517.

15) Norr AM. The Norr Erotomania Scale: A New Measure of Erotomania. Psychological Assessment. 2016;28(4):471-480.

16) Glick ID, Swanson JW. The Love Delusion Questionnaire: A Measure of Erotomanic Delusions. Journal of Mental Health. 2002;11(3):305-313.

17) Kaplan HI, Sadock BJ, Grebb JA. Synopsis of Psychiatry: Behavioral Sciences/Clinical Psychiatry. Williams & Wilkins; 1994.

18) Freeman D, Garety PA., Kuipers E, Fowler D, Bebbington PE. Cognitive therapy for persecutory delusions: A pilot trial. British Journal of Clinical Psychology. 2008;47(2):127–132.

19) Desnoyers Hurley A. Managing erotomania in the community: A case study. Advances in Mental Health and Intellectual Disabilities. 2012;6(4):192-199.

7

VIOLÊNCIA DOMÉSTICA E FEMINICÍDIO: PROPOSTAS DE AJUDA E PREVENÇÃO

A violência doméstica não é um conflito,
é uma escolha de controle e poder.
(Michael P. Johnson)

Conceituação preliminar

Esta frase inicial, escrita pelo sociólogo e pesquisador amplamente reconhecido por seu trabalho no campo da violência doméstica e dinâmica familiar, Michael P. Johnson[1], esclarece que a violência doméstica não é apenas um episódio de agressão, o que já seria grave, mas uma dinâmica de controle, muitas vezes difícil de quebrar e que pode afetar profundamente a vítima.

Essa dinâmica de controle da "vítima" pelo "agressor", ou simplesmente dinâmica vítima x agressor, requer a realização de um diferencial cuidadoso por parte dos profissionais da área da saúde mental, uma vez que as estratégias indicadas para auxiliar são diferentes em cada caso.

Do ponto de vista jurídico, a *Cornell Law* – Lei nº 25/11[2], desde 2011 define a violência doméstica como crime e abrange diferentes formas de abuso, como físico, psicológico, sexual e verbal, sendo frequentemente ligada a desequilíbrios de poder e abuso emocional. A legislação prevê suporte às vítimas e estratégias de prevenção para abordar essas dinâmicas, estabelecendo medidas de proteção e de suporte às vítimas.

Sobre a literatura médica e psicológica, o foco também costuma estar na proteção e no auxílio à vítima. Porém, a violência doméstica pode ocorrer em duas situações distintas: 1) casos de violência doméstica em que a parceria provoca agressões verbais, físicas ou sexuais contra a vítima; 2) casos em que, além da violência por parte do agressor, o clínico atento identifica sinais e sintomas de algum problema amoroso-sexual, por parte da vítima, estudado neste Manual, o que pode tornar a pessoa vulnerável a repetições dessa dinâmica ao longo da vida em outros relacionamentos.

Quando ocorre o segundo caso, a qualidade de vida das pessoas costuma estar prejudicada e, assim, a atuação do clínico deve se ampliar, sendo o seu papel, além de favorecer medidas de proteção, encaminhar ou realizar o tratamento para o problema diagnosticado na vítima. Caso você tenha ouvido falar ou pensado em "culpabilização da vítima", não é o caso, mas devemos realizar o nosso trabalho de forma consciente e completa, incluindo auxiliar a vítima com diagnóstico de outro problema para que ela possa se fortalecer emocionalmente e utilizar seus recursos (internos e externos) para não permitir repetições dessa dinâmica em sua vida, isto é, oferecer condição para que ela se retire do papel de "vítima" no relacionamento atual (em específico) e na vida (de modo geral).

Como estudamos anteriormente neste Manual, na prática clínica observamos, por exemplo, que podem estar associados à dependência emocional o sentimento de culpa, o medo do abandono, o vazio emocional, a despersonalização e, em muitas situações, sobretudo entre as mulheres (mas não somente), ocorre a violência doméstica e a permanência da mulher dependente emocional ao lado do parceiro agressor, contribuindo para manutenção do ciclo da violência. Assim, torna-se imprescindível abordar o assunto nas discussões clínicas e sociais, buscando a conscientização sobre a dependência emocional e a importância do cuidado com a saúde mental do paciente com esta ou outra condição, no intuito de evitar a violência doméstica, e até casos de feminicídio.

Descrição de um caso real

Embora não se trate de casos clínicos formais, existem estudos, sobretudo de caso, que facilitam a compreensão sobre as múltiplas dimensões da violência doméstica, bem como as práticas de apoio e políticas públicas necessárias. Um exemplo admirável de publicação sobre casos de violência doméstica, publicado no periódico *Societies*, é o *Intimate Partner Violence in Vulnerable Contexts: A Case Study*[3].

Trata-se de um estudo qualitativo baseado em relatos de 30 mulheres que sofrem violência doméstica e registram denúncias em uma unidade judicial em Cuenca, Equador, esclarecendo os desafios enfrentados por essas mulheres e destacando a necessidade de intervenções coordenadas, maior sensibilização sobre violência de gênero e políticas mais eficazes para atender às necessidades dessas mulheres. Os principais desafios relatados são:

1) Falta de suporte institucional: em geral, as mulheres encontraram resistência ou lentidão em instituições responsáveis por oferecer proteção e justiça, como delegacias e tribunais, incluindo atrasos processuais e falta de acompanhamento pertinente após a denúncia.

2) Pressões sociais e culturais: muitas são estigmatizadas e criticadas por familiares ou membros da comunidade, especialmente em contextos em que a violência ocorre em situação privada. Em alguns casos, o apoio comunitário ao agressor dificulta a obtenção de proteção.

3) Impactos psicológicos e econômicos: as violências costumam causar traumas psicológicos severos e, muitas vezes, dependência econômica do agressor, o que limita as opções das mulheres para escapar da situação.

4) Acesso limitado a recursos: barreiras econômicas e geográficas dificultam o acesso a abrigos, assistência jurídica gratuita e serviços psicológicos.

Fatores de risco

Sinais de alerta para violência doméstica

Os sinais de alerta para a violência doméstica[4,5,6] podem variar de caso a caso, mas, geralmente, incluem os seguintes comportamentos, que merecem a nossa atenção:

1) Controle excessivo: principalmente monitorar constantemente as atividades, finanças ou comunicação da vítima e tomar decisões importantes sem consultar a parceria.

2) Isolamento social: restringir o acesso da vítima a amigos, familiares ou suporte externo e propiciar dependência emocional ou econômica.

3) Comportamentos ameaçadores: usar violência física ou ameaça de dano e ameaçar prejudicar a si mesmo, à vítima ou a outras pessoas.

4) Abuso psicológico e emocional: insultar, menosprezar ou humilhar a vítima e manipular emocionalmente para gerar medo, culpa ou vergonha.

5) Ciúme excessivo ou possessividade: acusar a vítima de infidelidade sem base e demonstrar ciúme irracional.

6) Violência física ou sexual: agredir fisicamente, incluindo empurrões, tapas ou socos e/ou forçar relações sexuais sem consentimento, mesmo estando em relacionamento.

7) Mudanças no comportamento da vítima: recuar socialmente, apresentar sinais de ansiedade ou depressão e/ou usar roupas para esconder marcas ou ferimentos.

Dinâmicas do relacionamento

Quando observamos a repetição da dinâmica (forma de se relacionar) de agressor x vítima em vários relacionamentos e/ou a tendência em se vitimizar na relação profissional, parental, com amigos, cabe investigar se esta dinâmica está repetindo uma forma de se relacionar incorporada na infância, seja por meio da observação do relacionamento dos pais ou na vivência entre um dos pais (em geral o pai) e a paciente. Nesse caso, a paciente (vítima) pode se sentir atraída por um perfil de homem (agressor) semelhante ao primeiro homem da sua vida (o pai), provavelmente na tentativa de reparar a falta afetiva infantil, ou seja, ter a expectativa (ilusória) de que esse novo homem mudaria, passando a ser presente e afetivo. Essa busca, muitas vezes inconsciente, necessita ser trabalhada, já que inviabiliza a satisfação relacional na vida adulta.

Como problemas amorosos-sexuais podem contribuir para a violência doméstica

Alguns problemas amorosos-sexuais — como amor patológico, ciúme patológico, dependência e codependência emocionais — podem contribuir para a violência doméstica, pois envolvem dinâmicas emocionais e psicológicas que podem gerar conflitos intensos, a exemplo da dinâmica agressor x vìtima descrita anteriormente, que pode estar presente. Seguem algumas maneiras pelas quais esses quadros podem contribuir para a violência doméstica:

1) Ciúme e controle: no ciúme patológico, como vimos no Capítulo específico, desconfianças sobre a fidelidade do parceiro podem levar a episódios de violência verbal, psicológica ou física. A necessidade de controle, característica também das pessoas com amor patológico, pode se expandir para o comportamento sexual, quando a pessoa procura controlar as decisões da parceria sobre a intimidade ou o seu contato com outras pessoas, o que pode ser sentido como violência psicológica e gerar conflitos.

2) Expectativas não correspondidas: a falta de comunicação saudável em relação às expectativas no relacionamento e na vida sexual podem resultar em reações agressivas, a exemplo do que é comum acontecer na dependência emocional, na qual a pessoa tem postura submissa e não consegue expressar seus limites e desejos.

3) Rejeição e abandono: em pessoas afetivamente carentes, a exemplo do que ocorre no amor patológico, provavelmente na dependência emocional e na codependência, situações em que a parceria não prioriza o relacionamento, podem ser interpretadas como rejeição ou abandono pessoal (emocional ou sexual), podendo desencadear reações violentas, isto é, o medo de perder o parceiro ou de ser abandonado pode gerar reações possessivas e agressivas.

4) Abuso sexual no relacionamento: em alguns casos, a violência doméstica inclui coerção sexual, quando uma das partes é forçada a participar de atos sexuais contra sua vontade. Isso não só é uma forma de violência em si, como também perpetua um ciclo de abuso e a dinâmica de dominação agressor x vítima.

5) Insegurança emocional e autoestima baixa: inseguranças relacionadas à aparência, desempenho sexual, à fidelidade ou ao amor do parceiro podem levar a um comportamento controlador e agressivo, a exemplo do que ocorre no ciúme patológico, dentre outros. Ainda, pessoas com baixa autoestima, característica essa presente em praticamente todos os problemas amoros-sexuais, podem tentar afirmar poder ou controle sobre a parceria com violência.

6) Traumas e desajustes psicológicos: histórico de traumas emocionais ou sexuais podem gerar dificuldades emocionais que se manifestam em relacionamentos por meio de violência psicológica. Nos casos de problemas psicológicos não tratados, bem como de transtorno de personalidade dependente, as reações desproporcionais podem ser intensificadas.

7) Cultura e papéis de gênero: em culturas onde há maior pressão para que um dos parceiros (geralmente o homem) assuma o controle da relação, questões relacionais e sexuais podem ser vistas como um "direito" deste parceiro assumir o controle do outro, podendo, inclusive, justificar a violência cometida quando esses "direitos" não são atendidos.

Avaliação dos tipos de violência doméstica

De acordo com definições em leis e estudos especializados[2], existem cinco tipos de violência doméstica. São eles:

1) Violência física: caracterizadas pelo uso de força para causar dor, lesão ou morte. Pode ocorrer:

- De forma direta (socos, chutes, tapas ou empurrões);
- com uso de objetos (arremessar ou utilizar objetos para machucar);
- com restrição de movimento (segurar com força, impedir que a vítima se mova ou saia do local);
- com atos intencionais de ferimento (cortes, queimaduras ou sufocamento).

2) Violência psicológica (ou emocional): comportamentos que causam danos emocionais, como:

- Humilhação: criticar ou menosprezar a vítima em público ou privado;
- controle comportamental: isolar a vítima de amigos e familiares;
- ameaças: promessas de prejudicar a vítima ou pessoas próximas;
- manipulação emocional: culpabilizar a vítima pelos problemas no relacionamento.
- *gaslighting*: fazer a vítima duvidar de sua percepção da realidade.

3) Violência sexual: coerção para atos sexuais não consensuais ou abusos relacionados. Exemplos:

- Coerção para atos sexuais não consentidos: forçar ou pressionar a parceria a participar de relações sexuais contra sua vontade;
- impedimento do uso de métodos contraceptivos: controle sobre o planejamento familiar;
- exposição forçada à pornografia ou práticas sexuais desconfortáveis;
- estupro conjugal: quando um dos parceiros utiliza força ou

intimidação para que o outro se submeta à prática sexual sem consentimento.

4) Violência econômica: controle sobre recursos financeiros para manter a vítima financeiramente dependente. Exemplos:

- Controle dos recursos financeiros: impossibilitar a vítima de acessar ou administrar o seu dinheiro;
- restrições no emprego: forçar a vítima a abandonar o trabalho ou impedir a busca por oportunidades profissionais;
- decisões financeiras unilaterais: usar o dinheiro da vítima sem o seu consentimento ou desviar recursos para fins pessoais;
- isolamento financeiro: manter a vítima dependente do agressor para conseguir arcar com suas necessidades.

5) Violência verbal: para atacar a confiança e a autoestima da vítima, podem ocorrer:

- Insultos e xingamentos: chamar a vítima por nomes humilhantes, depreciativos ou agressivos;
- ameaças verbais: dizer que fará mal à vítima ou a pessoas próximas a ela;
- desqualificação: dizer que a vítima é inútil, incompetente ou incapaz de realizar tarefas;
- humilhação pública: criticar a vítima em frente a outras pessoas, causando vergonha ou constrangimento.

Avaliação por instrumentos

Existem escalas científicas para avaliar a violência doméstica, as quais se concentram em diferentes aspectos dessa problemática, como atitudes que legitimam a violência, a experiência de vitimização e as dinâmicas de agressão em relacionamentos íntimos. Essas escalas ajudam na identificação de fatores de risco e na compreensão das atitudes das vítimas e dos agressores, permitindo uma abordagem mais precisa no diagnóstico e na intervenção.

1) Escala de Crenças sobre Violência Conjugal (ECVC)[7]: avalia crenças que justificam ou minimizam a violência doméstica, como a visão de que a violência é uma parte aceitável ou inevitável em um relacionamento. A versão brasileira está adaptada para medir a aceitação dessas crenças em diferentes contextos socioculturais e os estudos confirmam a validade e a estrutura unidimensional deste instrumento.

2) Inventário de Violência Conjugal (IVC)[8]: mede a violência física e psicológica dentro de um relacionamento, sendo uma ferramenta útil para pesquisadores e profissionais da área de saúde mental e da justiça. Além de analisar múltiplos tipos de violência, este inventário avalia a percepção das vítimas sobre a agressão.

3) Escala de Avaliação de Risco de Violência Doméstica (RAI-V)[9]: mais voltada para o contexto de julgamento e de polícia. Esta escala é usada para identificar o risco de reincidência da violência, considerando fatores como histórico de abuso, abuso de substâncias e condições familiares estressantes.

Feminicídio

O termo feminicídio é utilizado para retratar o assassinato de mulheres por razões de gênero, ou seja, motivado pela percepção de que as mulheres são propriedades ou seres inferiores aos homens. Esse conceito foi formalizado e ampliado nas últimas décadas, principalmente a partir dos anos 1990, quando começou a ser utilizado para descrever os assassinatos de mulheres em cidades como Ciudad Juárez, no México. No Brasil, o feminicídio foi reconhecido como crime em 2015, através da Lei nº 13.104, que incluiu essa forma de homicídio no Código Penal, destacando-o como uma violação mais grave da violência contra a mulher[10,11].

A diferença fundamental entre feminicídio e violência doméstica está na gravidade do crime: enquanto a violência doméstica envolve diversos tipos de agressão (física, psicológica, sexual etc.), que não necessariamente resultam em morte, o feminicídio é o assassinato de uma mulher, geralmente, cometido por um parceiro atual, do passado ou por um familiar, com base no conceito de posse ou domínio[12].

Assim, as causas do feminicídio estão fortemente relacionadas ao machismo, à desigualdade de gênero e ao patriarcado. A cultura de dominação masculina e a objetificação das mulheres resultam em atitudes violentas que, muitas vezes, culminam na morte das mulheres que não se submeteram aos papéis de gênero impostos pela sociedade. Além disso, fatores como a vulnerabilidade econômica, social e cultural das mulheres podem agravar a situação e contribuir para o aumento dos casos de feminicídio[12].

Estatísticas de feminicídio são alarmantes no Brasil, sendo que o país apresenta uma das taxas mais altas da América Latina. Em 2021, o Brasil registrou cerca de 1.300 casos de feminicídio, uma média de aproximadamente três assassinatos de mulheres por dia[10]. Essas mortes são, em geral, consumadas por parceiros íntimos e ex-companheiros, confirmando a continuidade da violência doméstica e a falta de mecanismos de ajuda e proteção eficazes para que as mulheres não mantenham relacionamentos violentos e consigam proteger a sua própria vida.

Propostas de prevenção e intervenção

A prevenção e intervenção em casos de violência doméstica envolvem várias áreas de atuação, incluindo ações educacionais, políticas públicas, apoio psicológico e a promoção de redes de apoio. Diversos estudos têm abordado o tema, trazendo propostas eficazes para enfrentar essa questão preocupante e complexa, em que o papel das comunidades, dos educadores e dos profissionais de saúde é imprescindível.

As propostas de prevenção para a violência doméstica incluem campanhas de conscientização, programas educacionais sobre igualdade de gênero e o fortalecimento das políticas de acolhimento e denúncia. A educação escolar sobre relações saudáveis e o combate ao machismo desde a infância são essenciais para a construção de uma sociedade mais igualitária, prevenindo o ciclo de violência doméstica. Além disso, a capacitação de profissionais de saúde e educação para identificar sinais de violência e oferecer suporte adequado é uma estratégia eficaz de prevenção na infância e adolescência[13].

Porém, quando a violência já ocorreu, intervenções específicas se tornam necessárias. Essas podem incluir a assistência psicossocial às vítimas, com apoio de psicólogos e assistentes sociais e a implementação de políticas públicas de proteção, como casas-abrigo e serviços de atendimento especializado. A criação de delegacias da mulher e o fortalecimento do sistema judicial para garantir que os agressores sejam responsabilizados também são intervenções essenciais. Por fim, a psicoterapia individual com a vítima ou com o casal (vítima e agressor) tem mostrado bons resultados, especialmente em programas terapêuticos que visam romper o ciclo de violência[13,14].

As propostas de intervenção devem ser coordenadas entre diferentes esferas da sociedade, incluindo o Estado, ONGs e a comunidade, para que possam efetivamente reduzir a violência doméstica e apoiar as vítimas na recuperação e no enfrentamento da violência.

Exemplo de história de sucesso

A *Australia's National Research Organisation for Women's Safety* (ANROWS) descreve a *Sadie's Story* (A história de Sadie)[15], ilustrando os desafios enfrentados por uma mulher que tenta escapar de uma situação de violência doméstica e familiar — incluindo as dificuldades com questões relacionadas a habitação, acesso a serviços de suporte e navegação em sistemas segmentados — e garantir a segurança e a estabilidade tanto para ela quanto para seus filhos. Apesar de os detalhes do caso não serem amplamente divulgados (para proteger a privacidade da pessoa envolvida), seguem as intervenções realizadas:

1) Apoio legal e habitacional: Sadie recebe auxílio para ter acesso a uma moradia segura e afastada do agressor, intervenção fundamental para reduzir o risco imediato de novas violências e garantir um espaço de segurança.

2) Cooperação multissetorial: são mobilizados vários serviços assistenciais, como psicoterapia, suporte jurídico e programas de reabilitação econômica, buscando abranger as suas múltiplas necessidades. Segundo a ANROWS, existem falhas de sincronia entre os diferentes serviços, sendo importante desenvolver sistemas mais coesos, que priorizem a segurança e o bem-estar das vítimas de violência doméstica.

3) Suporte psicológico: Sadie participa de sessões de aconselhamento para lidar com os impactos emocionais da violência e desenvolver estratégias de enfrentamento.

4) Autonomia financeira: recursos foram direcionados para ajudar Sadie a reconstruir sua independência econômica, passo fundamental para evitar o retorno a uma relação abusiva em decorrência desta necessidade.

Após essas intervenções, Sadie conseguiu estabelecer uma nova rotina longe do agressor e melhorar sua estabilidade emocional e financeira. O caso destacou a importância de sistemas integrados e de suporte intersetorial para atender às necessidades de vítimas em situações semelhantes.

Na sua percepção, um projeto semelhante ao apresentado seria viável em nossa sociedade? Por quê? Tem alguma proposta neste sentido?

____

____

____

____

____

Reflexão e conclusão

É de suma importância abordar e combater a violência doméstica e o feminicídio. Para isso, são necessários esforços contínuos para que as vítimas de violência tenham acesso a redes de apoio e medidas legais de proteção. Além disso, em casos de algum problema amoroso-sexual associado à violência doméstica, a busca por avaliação e tratamento do problema com um especialista estão fortemente indicados. Recomendamos, também, a criação de projetos preventivos de violência doméstica, voltados para crianças e adolescentes e que podem ser implementados em escolas e em comunidades de bairro.

Referências

1) Johnson MP. Violence Against Women: Initial and Secondary Prevention; 2006.

2) Cornell Law School. Available from: https://www.law.cornell.edu/gender-justice/topic/gender-based_violence_in_general

3) Mañas C, Martínez MA, Burgueño F. Intimate Partner Violence in Vulnerable Contexts: A Case Study. Societies. 2023;13(3):53.

4) World Health Organization (WHO). Understanding and addressing violence against women; 2012. Available from: https://www.who.int/publications/i/item/WHO-RHR-12.35

5) Centers for Disease Control and Prevention (CDC). Preventing Intimate Partner Violence, 2024. Available from: https://www.cdc.gov/intimate-partner-violence/prevention/index.html

6) National Domestic Violence Hotline. Abuse Defined; 2022. Available from: https://www.thehotline.org

7) Moura JQ, Habigzang LF, Matos M, Gonçalves M. Escala de Crenças Sobre Violência Conjugal (ECVC): Versão Brasileira. Psico-USF. 2021;26(4).

8) Machado C, Matos M, Gonçalves, M. Manual de escala de crenças sobre a violência conjugal (E.C.V.C.) e do inventário de violência conjugal (I.V.C.): escalas de avaliação e manual. Braga: Editora Psiquilíbrios;2008.

9) Dutton DG, Kropp PR. A review of domestic violence risk instruments. Trauma, Violence, & Abuse. 2000;1(2):171-181.

10) Freitas JD da S. Feminicídio no Brasil: uma análise crítica. Revista Ibero-Americana De Humanidades, Ciências E Educação. 2024;10(10):645–648.

11) Prado GN, Valle L. O feminicídio e a violência doméstica no Brasil. Ciências Humanas. 2023;27(129).

12) Meneghel SN, Portella AP. Feminicídios: conceitos, tipos e cenários. Ciência & Saúde Coletiva. 2017;22(9):3077–3086.

13) Souza MB, Silva MFS da. Estratégias de enfrentamento de mulheres vítimas de violência doméstica: uma revisão da literatura brasileira. Pensando famílias. 2019;23(1):153-166.

14) Machado ASM, Bhona FM de C, Lourenço LM. Intervenção com mulheres vítimas de violência doméstica: uma revisão bibliométrica. Pesquisas e Práticas Psicossociais. 2020;15(1):1-12.

15) Australia's National Research Organization for Women's Safety – ANROWS. Webinar: Sadie's Story – Helping women affected by domestic and family violence navigate a fragmented system; 2020. Available from: https://www.anrows.org.au/event/webinar-sadies-story-helping-women-affected-by-domestic-and-family-violence-navigate-a-fragmented-system/

8

DINÂMICAS AMOROSAS-SEXUAIS NÃO TRADICIONAIS

A inclusão sexual não é apenas uma questão de direitos, mas de humanidade e respeito às diversas formas de amar e ser.
(LGBTQ+ Rights Organization)

Conceituação preliminar

Como resume a frase[1] acima, a identidade de gênero e a orientação sexual são componentes fundamentais da experiência humana e têm uma interação profunda com os relacionamentos amorosos. Identidade de gênero[2], como sabemos, é a sensação interna e individual que uma pessoa tem de si mesma referente ao seu gênero, que pode ou não coincidir com o sexo designado ao nascer e que engloba termos como homem, mulher, ambos, nenhum ou uma combinação única. Já a orientação sexual[3] diz respeito à atração emocional, romântica, sexual ou afetiva, que pode ser por pessoas do mesmo gênero (homossexualidade), de outro gênero (heterossexualidade), de mais de um gênero (bissexualidade) ou não estar limitada por gênero (pansexualidade). Também inclui pessoas que não sentem atração sexual (assexualidade). A orientação sexual é um aspecto central da identidade pessoal e não é determinada por escolha.

Assim como ocorre com as opções individuais, as alternativas ao modelo tradicional de relacionamento não envolvem necessariamente um "relacionamento" no sentido convencional. Muitas vezes, as escolhas amorosas ou sexuais não convencionais não se encaixam nas definições de "relacionamento" como conhecemos, mas são formas legítimas de estabelecer vínculos afetivos. Fora do modelo heteronormativo tradicional de namoro ou casamento, as relações e escolhas podem ser muito variadas, baseadas em necessidades e desejos individuais. O importante é que, independentemente da forma de conexão, a comunicação, o respeito e o consentimento mútuo sejam sempre priorizados.

Nesse contexto de normalidade, inclusão e abertura é onde os profissionais de saúde mental devem estar preparados para navegar em sua jornada, sempre rumo à felicidade e bem-estar de nossos pacientes e nunca a partir de seus (pre)conceitos pessoais. É fundamental já ter desenvolvido ou conquistado essa abertura para acolher e ajudar os pacientes, sem normatização ou julgamento, mas sempre em direção àquilo que traz bem-estar, prazer e felicidade a cada paciente.

Da mesma forma, é preciso nos despir da expectativa de que o outro — família, sociedade e/ou o próprio indivíduo — já esteja preparado para a auto(aceitação). Ainda recebemos em nossos consultórios e ambulatórios muitas pessoas precisando da nossa ajuda profissional para conseguir, ao seu tempo, vencer os próprios preconceitos ou lidar com os preconceitos do outro, da família e/ou da sociedade.

Enquanto clínicos e psicoterapeutas, observamos que preconceitos ou conceitos errôneos costumam ser internalizados desde a infância, até mesmo pela cultura familiar ou social de outras gerações. Atualmente, é frequente observarmos conflito e sofrimento psíquico dentro das famílias, principalmente, entre pais e filhos, o que nos aponta para a necessidade de clínicos preparados para acolher e utilizar estratégias que favoreçam o diálogo, o respeito e a superação de conflitos, objetivo principal deste Capítulo.

Você já vem se trabalhando para vencer algum preconceito nesta área amorosa-sexual não tradicional? Se sim, qual é o método e o que você tem feito para superar o preconceito?

____

____

____

____

____

____

____

____

____

Estudo de um caso clínico

Alguns estudos de caso envolvendo a transição de gênero e questões de identidade de gênero em relacionamentos são relatados em artigos sobre terapia afirmativa. Um exemplo, é o artigo de Benson (2013)[4], que discute abordagens terapêuticas para pessoas transgênero[5] — pessoas cuja identidade de gênero é diferente do sexo que lhes foi designado ao nascer, incluindo homens trans (designados como mulheres ao nascer, mas que se identificam como homens), mulheres trans (designadas como homens ao nascer, mas que se identificam como mulheres), e pessoas não-binárias ou de gênero diverso — e seus parceiros, com foco em apoio emocional e comunicação nos relacionamentos. Segue um exemplo de um caso clínico fictício.

Histórico

O casal busca ajuda para lidar com conflitos relacionados a questões de gênero. Um dos parceiros inicia um processo de transição de gênero.

O relacionamento é longo e com altos níveis de comprometimento, mas estão enfrentando desafios recentes na comunicação e na adaptação à situação nova de transição.

Sintomas

Susan apresenta ansiedade em relação à disforia de gênero[6] — sofrimento significativo ou prejuízo funcional experimentado por uma pessoa devido à incongruência entre sua identidade de gênero (como ela se percebe) e o sexo atribuído ao nascimento, condição que pode impactar a saúde mental, emocional e social do indivíduo — e dificuldades em expressar a identidade verdadeira (de mulher).

Seu parceiro mostra angústia circunstancial e confusão, medo de perda da dinâmica anterior e sobre a continuidade do relacionamento.

O casal tem diminuição na intimidade emocional e sexual, aumento de conflitos e falta de compreensão mútua.

Fatores contribuintes

- Falta de apoio social e familiar em relação à transição de gênero.
- Pressões culturais ou religiosas.
- Histórico de traumas ligados à identidade de gênero ou sexualidade.
- Estilos de comunicação conflitantes no casal.

Diagnóstico e intervenção

Durante o diagnóstico, foram apresentadas dificuldades de ajuste relacionadas à transição de gênero. A proposta de intervenção é terapia individual para Susan — cuja decisão atual trouxe antigos traumas à tona, bem como pressões e sensações de falta de apoio — e terapia de casal, para favorecer o diálogo, (re)definir objetivos e trabalhar expectativas no relacionamento pós-transição.

Tratamento

1) Terapia Individual: apoio psicológico para Susan, promovendo autoaceitação e gestão de disforia de gênero.

2) Terapia de Casal: fortalecimento da comunicação assertiva e habilidades de resolução de conflitos. Exploração de novas dinâmicas e expectativas no relacionamento pós-transição.

3) Rede de Apoio: participação em grupos de apoio para pessoas LGBTQIA+ e seus parceiros(as) e educação para familiares e amigos próximos.

Prognóstico

A curto prazo, nota-se redução de conflitos e melhora na aceitação mútua.

A longo prazo, transformação do relacionamento em um modelo mais inclusivo e fortalecedor, com maior segurança no vínculo e na capacidade de navegar questões de identidade e sexualidade.

Fatores de risco

Os relacionamentos podem influenciar profundamente a afirmação de gênero, tanto positivamente quanto negativamente[7,8]. Relacionamentos que oferecem apoio emocional e validam a identidade de gênero ajudam a reduzir os níveis de ansiedade, depressão e disforia de gênero. Por exemplo, parceiros ou familiares que usam o nome e os pronomes corretos criam um ambiente de aceitação, essencial para o bem-estar[8]. Dificuldades momentâneas e angústias circunstanciais podem surgir, como o medo de rejeição, pressão para conformidade com papéis tradicionais de gênero ou falta de compreensão[7], as quais costumam ser superadas em um relacionamento saudável com vínculo amoroso-sexual satisfatório.

Por outro lado, relacionamentos disfuncionais ou tóxicos, como aqueles marcados por rejeição, pressão para conformidade com normas cisgênero ou negação de apoio, podem levar a maior isolamento, estresse emocional e até mesmo risco de suicídio em indivíduos trans[8].

A literatura também destaca que o suporte social — inclusive em relacionamentos amorosos — desempenha um papel mediador importante na saúde mental e no processo de afirmação de gênero, oferecendo segurança em momentos de transição social ou médica[8].

Identidade de gênero & relacionamento

A maneira como uma pessoa se identifica em relação ao gênero e à sexualidade pode influenciar (e ser influenciada) por suas experiências familiares, sociais e amorosas. A identidade de gênero, ou maneira como uma pessoa se identifica internamente em relação ao gênero, pode influenciar na dinâmica de poder em relacionamentos amorosos, nos papéis de gênero sociais e na forma como a pessoa se relaciona com os outros[7].

As expectativas de gênero ou papéis de gênero socialmente construídos influenciam como as pessoas se comportam dentro de um relacionamento, como a expectativa de que os homens sejam dominantes e as mulheres sejam submissas[7]. No entanto, em relacionamentos que desafiam esses estereótipos, por exemplo, quando ambos têm uma identidade de gênero não binária ou fluida, essas dinâmicas podem ser abrandadas.

Em alguns casos, a identidade de gênero pode ser uma fonte de apoio ou de rejeição dentro de um relacionamento[9]. Indivíduos trans ou não binários, por exemplo, podem enfrentar desafios significativos se a sua identidade de gênero não for aceita por seus parceiros ou familiares, isto é, a aceitação e apoio são fundamentais nesses casos.

Orientação sexual & relacionamento

Sabemos que a orientação sexual diz respeito ao desejo emocional, romântico e/ou sexual de uma pessoa por outros: homossexual, heterossexual, bissexual ou outras. Ela pode influenciar as dinâmicas interpessoais, incluindo aceitação social, vínculos familiares e expectativas em relação à parceria.

Para Savin-Williams[10], entre adolescentes LGBTQIA+, a orientação sexual pode determinar como eles se relacionam com outras pessoas dentro de suas comunidades ou fora delas. Em muitos casos, o medo de rejeição ou de discriminação pode afetar como essas pessoas se expressam, podendo gerar estresse ou inseguranças nessas relações.

D'Augelli e Goldfried[11] confirmam que os relacionamentos amorosos de indivíduos LGBTQIA+ podem ser impactados pela marginalização e pelo preconceito social. Segundo os autores, o preconceito sobre a orientação sexual pode levar a dificuldades nas interações com familiares e na escolha de parceiros.

Relacionamentos não tradicionais

Além de entendermos e acolhermos a diversidade relativa à identidade de gênero e a orientação sexual, também precisamos estudar e nos preparar para lidar na prática clínica com as maneiras alternativas de se relacionar ou de vivenciar a sexualidade, sem que envolva necessariamente um "relacionamento" no sentido tradicional. São inúmeras as formas de relacionamento que fogem dos padrões heteronormativos ou monogâmicos tradicionais, as quais precisam ser respeitadas. As principais são[12]:

1) Relacionamentos casuais: encontros sexuais ou afetivos que não possuem compromisso ou expectativas a longo prazo, podendo ser baseadas apenas em atração física ou prazer, sem a necessidade de vínculo emocional.

1. Sexualidade experimental ou livre: prática de explorar a própria sexualidade de maneiras não convencionais, como encontros de uma noite ou experiências sexuais com múltiplos parceiros, sem vínculo emocional ou compromisso formal.

2) *One-night stands* (Encontros de uma noite): encontros sexuais pontuais, sem continuidade ou envolvimento, com foco no prazer imediato. Pode fazer parte da forma anterior, se ocorrer em apenas uma noite.

3) Amizades com benefícios: relação de amizade entre dois indivíduos, com a inclusão de atividade sexual ocasional. Não existe compromisso amoroso-sexual, mas uma intimidade sexual acordada entre as partes.

4) Relacionamentos abertos: existe um relacionamento amoroso-sexual, porém, sem exclusividade sexual, ou seja, o princípio é a liberdade para explorar a intimidade com outras pessoas, enquanto se mantém uma parceria principal.

5) Poliamor: prática de manter múltiplos relacionamentos consentidos e simultâneos, com conceito de "relacionamento" flexível e com ênfase na honestidade e na comunicação, isto é, pode incluir todas as formas de conexão, não necessariamente amorosas ou sexuais e sem que cada vínculo precise ser formalizado.

6) BDSM: ampla variedade de práticas e dinâmicas, como *bondage*, disciplina, dominação, submissão, sadismo e masoquismo, com ênfase na negociação e no consentimento mútuo, sendo importante estabelecer limites claros e o respeito ao bem-estar físico e emocional.

7) Assexualidade: pessoas que vivenciam pouca ou nenhuma atração sexual pelos outros, mas que valorizam e buscam relacionamentos amorosos. A assexualidade é uma orientação sexual reconhecida e indivíduos assexuais podem estabelecer vínculos afetivos, mesmo sem atividade sexual.

8) Relacionamentos sem rótulos: formas de conexão onde os envolvidos não se identificam com rótulos tradicionais de namoro ou relacionamento amoroso, optando por um relacionamento mais fluido e flexível, muitas vezes, focado apenas na experiência ou na conexão emocional ou física.

9) *Queer*: várias manifestações sexuais e de gênero que não se encaixam em normas heteronormativas, incluindo pessoas com identidades sexuais ou de gênero não binárias ou fluidas, sendo que a ideia central seria rejeitar as expectativas sociais a respeito de relacionamentos e de sexualidade.

Avaliação diagnóstica por entrevista

A avaliação clínica de um caso envolvendo discriminação e autodescriminação, com consequências para a saúde mental, por exemplo, deve ser abrangente, integrando critérios diagnósticos e uma compreensão sociocultural do impacto da discriminação[13]. O processo deve contemplar as seguintes etapas:

1) Histórico clínico detalhado: coletar informações sobre experiências passadas de discriminação, autopercepção negativa e traumas, incluindo situações específicas que geraram sofrimento emocional.

2) Análise sociocultural: avaliar o impacto do ambiente familiar e social, como preconceito em grupos sociais ou institucionais e avaliar o papel do suporte social ou sua ausência.

3) Critérios diagnósticos: analisar os critérios, de acordo com o DSM-5-TR[14] e/ou CID-10[15]. No caso do estresse relacionado à discriminação, indicamos observar os sintomas de transtorno de estresse agudo ou TEPT, transtornos depressivos em resposta a traumas sociais e ansiedade social exacerbada pela rejeição ou exclusão em interações interpessoais.

4) Entrevistas clínicas estruturadas: para confirmação, pode-se aplicar a *Structured Clinical Interview for DSM Disorders* (SCID-5)[15], uma entrevista estruturada e amplamente utilizada para diagnosticar transtornos mentais com base nos critérios do DSM-5.

Avaliação diagnóstica por instrumentos

Nos casos em que a SCID-5 "varreu" algum transtorno psiquiátrico, uma avaliação clínica sólida inclui, também, aplicação de instrumentos psicológicos consagrados para confirmar algum transtorno psiquiátrico específico, como depressão e ansiedade, além de instrumentos para avaliar o impacto da discriminação, conforme as sugestões a seguir:

1) Questionários de rastreio, como o *Beck Depression Inventory-II* (BDI-II)[17], avalia depressão com base nos critérios diagnósticos de depressão do DSM-IV, e/ou o *Social Interaction Anxiety Scale* (SIAS)[18], uma escala amplamente utilizada em contextos clínicos e de pesquisa para identificar a presença e a gravidade de sintomas de fobia social relacionados à interação social.

2) Questionários específicos para minorias, como a *Everyday Discrimination Scale* (EDS)[19], que mede experiências de discriminação cotidiana e é amplamente usada em estudos sobre saúde e desigualdades sociais, ou a *Minority Stress Scale* (MSS)[20] validada especificamente para analisar o impacto da discriminação relativa à orientação sexual em homens gays e bissexuais italianos.

Sexologia e impacto na vida sexual

A identidade de gênero e a orientação sexual não tradicionais podem ter impactos significativos na sexologia, especialmente no contexto das expectativas sociais, culturais e nos relacionamentos. As vivências mais livres de convenções sociais e culturais são frequentemente associadas a uma busca por autenticidade e expressão individual, o que pode trazer benefícios, como maior intimidade e satisfação sexual em contextos afirmativos, porém, também podem ser prejudicadas por estigmas e discriminação, os quais propiciam ansiedade, vergonha e dificuldade na autoaceitação, podendo afetar a saúde mental, em geral, e a vida sexual, em específico.

Identidades de gênero e orientações sexuais não convencionais frequentemente desafiam normas tradicionais, incentivando discussões mais amplas sobre desejo, consentimento e prazer. Nesse sentido, algumas pesquisas indicam que pessoas que recebem apoio relatam níveis mais elevados de satisfação sexual e emocional, apesar da discriminação, que pode prejudicar a sua saúde mental e sexual. Estudos destacam que a discriminação por orientação sexual e identidade de gênero é associada a problemas de saúde mental, como depressão, ansiedade, uso de substâncias e ideação suicida. Um exemplo relevante é o estudo de Lewis et al.[21], que investigou os efeitos do estigma e do estresse relacionado à orientação sexual sobre sintomas depressivos. Da mesma forma, uma análise mais ampla foi feita por Lamontagne et al.[22], que destacou a homofobia como um problema de saúde pública com impacto mensurável na qualidade de vida da população LGBTQIA+.

Esses temas continuam a crescer em importância acadêmica, refletindo mudanças sociais e avanços na compreensão das dimensões amorosas-sexuais humanas. A sexologia tem se beneficiado com estudos sobre diversidade sexual, o que propicia abordagens inclusivas que valorizam o consentimento e o respeito às diferenças. Assim, identidades de gênero e orientações não convencionais destacam a necessidade de serviços e práticas de saúde mental e sexual sensíveis às especificidades e demandas individuais.

Com relação ao impacto dos relacionamentos não convencionais — como os abertos, o poliamor, ou outras formas de relações consensualmente não monogâmicas — na vida sexual, este é variável. Essas formas de relacionamento desafiam normas tradicionais e oferecem uma diversidade de perspectivas sobre conexão emocional, intimidade e sexualidade.

Sobre satisfação sexual, algumas pesquisas mostram que pessoas em relacionamentos consensualmente não monogâmicos, em geral, relatam níveis de satisfação sexual semelhantes ou superiores aos de relacionamentos monogâmicos. Este fato pode estar associado à comunicação aberta sobre desejos e limites, promovendo uma sexualidade mais satisfatória e expressiva[23].

Além disso, relacionamentos não convencionais podem proporcionar um espaço seguro para a exploração de fantasias e desejos, contribuindo para uma experiência sexual mais enriquecedora. Essas práticas podem reduzir sentimentos de repressão sexual e aumentar, assim, a confiança pessoal e relacional.

Embora esses relacionamentos possam fortalecer a intimidade e a autonomia, também podem gerar desafios, como ciúme ou inseguranças, que requerem habilidades avançadas de comunicação e suporte mútuo[23]. Caso não melhore, está indicada a busca de ajuda de um especialista na área.

Em alguns casos, a quebra de normas sociais pode levar a estigmas ou discriminações, impactando a saúde mental dos indivíduos. No entanto, o suporte de comunidades inclusivas e terapia sexológica especializada pode mediar esses efeitos, promovendo bem-estar. A sexologia, como campo científico, reconhece a importância de abordar as dinâmicas não convencionais e oferecer suporte que respeite a diversidade sexual e relacional, fortalecendo a qualidade de vida e os vínculos afetivos.

Estratégias psicoterapêuticas e manejos específicos

Apesar de pessoas em relacionamentos não convencionais não necessitarem de tratamento, estamos aprendendo neste Capítulo que, em alguns casos, existem situações estressantes ou estigmatizantes que podem gerar angústia circunstancial, e outras situações em que as pessoas podem apresentar algum transtorno psiquiátrico acoplado, como depressão por exemplo. Nos dois casos, um processo de psicoterapia está indicado, além de apoio social. Nesse sentido, em seu artigo sobre preconceito, estresse social e saúde mental em populações minoritárias, Meyer[13] sugere as seguintes abordagens:

1) Terapia Cognitivo-Comportamental[24]: com foco em reestruturar crenças internalizadas e trabalhar habilidades sociais.

2) Terapia Positiva[25]: para validar a identidade sexual e promover a aceitação pessoal.

3) Grupos de Suporte LGBTQIA+: para fortalecimento social.

Exemplo de história de sucesso

A história de um homem, homossexual, atendido por mim, com análise psicodramática[26], durante três anos, é interessante e de sucesso ao mesmo tempo. João (nome fictício) busca terapia com queixa de problemas de relacionamento, relatando que não conseguia manter vínculos duradouros sem pensar constantemente em traição. Com foco nas traições, o paciente relata comportamentos de risco à noite, quando bebe em excesso e perde a memória. Inicialmente, trabalhamos com a técnica do espelho[26] para diminuir o sentimento de culpa que, exacerbado, tornava os relacionamentos pesados. Também fortalecemos o autocuidado, sendo que ele conseguiu controlar o álcool e passou até a praticar corridas de rua. Mais fortalecido emocionalmente, João se encoraja e termina seu relacionamento. Poucas semanas depois, ele reencontra Lucas, alguém que já havia demostrado interesse por ele no passado. Começam a sair e João se apaixona perdidamente pelo jeito aberto de Lucas se relacionar. De pronto, este comportamento aberto instiga a tendência ao controle e a investigação, típicos do ciúme patológico. Sentindo-se acuado, Lucas trai João, oportunidade para trabalharmos na psicoterapia as consequências negativas do controle, por meio de entrevista sobre papel do parceiro, espelho com questionamento e clareamento. João evolui, aprende a identificar e a se posicionar na relação, colocando abertamente os seus limites para a proposta de relacionamento aberto, como "Aguento termos outras pessoas desde que sejam desconhecidos e nós dois juntos". Aos poucos, com o processo de psicoterapia e observando que Lucas aceita e respeita seus limites, João passa a confiar no outro e no relacionamento e diminui a sua insegurança ou o medo de perder (ciúme).

Se coloque no papel do terapeuta de João. Como você conduziria este caso? Cite alguma abordagem teórica ou estratégias que você se sentiria confortável em usar, deixe registrado para consultar quando precisar:

Reflexão e conclusão

Em resumo, a identidade de gênero e a orientação sexual são aspectos fundamentais que influenciam e são moldados por nossos relacionamentos interpessoais. A interação entre esses fatores pode afetar profundamente a dinâmica dos relacionamentos, sendo que os desafios de aceitação, estigmatização e reconciliação de identidade desempenham papéis significativos. Relacionamentos saudáveis podem servir como um espaço de aceitação, apoio e afirmação, ajudando os indivíduos a navegarem em suas identidades de maneira positiva. Encorajamos, também, familiares e a própria sociedade a se trabalharem para promover um ambiente mais inclusivo e compreensivo para todos.

Referências

1) LGBTQ+ Rights Organization, Inclusive Policies for a Better Society (2020).

2) American Psychological Association. Guidelines for Psychological Practice With Transgender and Gender Nonconforming People. American Psychologist. 2020;70(9):832-864.

3) American Psychological Association. Guidelines for Psychological Practice with Lesbian, Gay, and Bisexual Clients. American Psychologist. 2012;67(1):10-42.

4) Benson KE. Clinical Issues and Affirmative Treatment with Transgender Clients: A Multidimensional Perspective. Journal of LGBTQ Issues in Counseling. 2013;7(1):1–14.

5) American Psychological Association. Guidelines for Psychological Practice with Transgender and Gender Nonconforming People. American Psychologist. 2015;70(9):832–864.

6) American Psychiatric Association. Diagnostic and Statistical Manual of Mental Disorders. 5th ed. Arlington, VA: American Psychiatric Publishing; 2013.

7) Budge SL, Adelson JL, Howard KA. Anxiety and depression in transgender individuals: The roles of transition status, loss, social support, and coping. Journal of Consulting and Clinical Psychology; 2013;81(3):545–557.

8) Bariola E, Lyons A, Leonard W, Pitts M, Badcock P, Couch M. Demographic and psychosocial factors associated with psychological distress and resilience among transgender individuals. American Journal of Public Health; 2015;105(3):e91–e97.

9) Riggle EDB, Rostosky SS. LGBT people and the psychology of gender and sexual orientation. In Handbook of the psychology of sexual orientation and gender diversity; 2011.

10) Savin-Williams RC. The New Gay Teenager. Harvard University Press; 2005.

11) D'Augelli AR, Goldfried MR. The psychological and social development of lesbian, gay, and bisexual youth. In Handbook of counseling and psychotherapy with lesbian, gay, and bisexual clients; 2008.

12) Hardy JW, Easton D. The Ethical Slut: A Practical Guide to Polyamory, Open Relationships, and Other Freedoms in Sex and Love. Ten Speed Press; 2017.

13) Meyer IH. Prejudice, social stress, and mental health in lesbian, gay, and bisexual populations: Conceptual issues and research evidence. Psychological Bulletin, 2003;129(5):674–697.

14) American Psychiatric Association. Diagnostic and Statistical Manual of Mental Disorders. 5th ed. Text Revision (DSM-5-TR); 2022.

15) Organização Mundial da Saúde (OMS). Classificação Internacional de Doenças e Problemas Relacionados à Saúde: CID-10; 1992.

16) First MB, Williams JBW, Karg RS, Spitzer RL. Structured Clinical Interview for DSM-5 Disorders (SCID-5). Arlington, VA: American Psychiatric Association Publishing; 2016.

17) Beck AT, Steer RA, Brown GK. Manual for the Beck Depression Inventory-II. San Antonio, TX: Psychological Corporation;1996.

18) Mattick RP, Clarke JC. Development and validation of measures of social phobia scrutiny fear and social interaction anxiety. Behaviour Research and Therapy. 1998;36(4):455–470.

19) Williams DR, Yu Y, Jackson JS, Anderson NB. Racial differences in physical and mental health: Socio-economic status, stress, and discrimination. Journal of Health Psychology. 1997;2(3):335–351.

20) Pala A, Dell'Amore F, Steca P, Clinton L, Sandfort T, Rael C. Validation of the Minority Stress Scale among Italian gay and bisexual men. Psychology of Sexual Orientation and Gender Diversity. 2017;4(4):451–459.

21) Lewis RJ, Derlega VJ, Griffin JL, Krowinski AC. Stressors for gay men and lesbians: Life stress, gay-related stress, stigma consciousness, and depressive symptoms. Journal of Social and Clinical Psychology. 2003;22(6):716-729.

22) Lamontagne E, d'Elbée M, Ross MW, Carroll A, du Plessis A, Loures L. A socioecological measurement of homophobia for all countries and its public health impact. European Journal of Public Health. 2018;28(5):967-972.

23) Souza GCA de, Silva JV da, Junqueira P, Queluz FNFR. Relações entre satisfação sexual e qualidade do relacionamento conjugal em universitárias. Psicologia para América Latina. 2020;(34):133-141.

24) Beck JS. Cognitive Behavior Therapy: Basics and Beyond. Guilford Press; 2011.

25) Seligman MP, Csikszentmihalyi M. A Positive Psychology: An Introduction. American Psychologist. 2000;55(1):5–14.

26) Dias VCR. Análise psicodramática: teoria da programação cenestésica. São Paulo: Ágora: 1994

9

RELACIONAMENTO ABUSIVO *VS.* RELACIONAMENTO TÓXICO

Relacionamentos abusivos e tóxicos alimentam o controle, não o amor.
(Susan Forward)

Conceituação preliminar

A frase acima, da renomada psicóloga clínica e autora sobre terapia familiar e relacionamentos, Susan Forward[1], associa relacionamentos abusivos e tóxicos à necessidade de controle e diferencia o amor (saudável) dessas formas (patológicas) de se relacionar. Ou seja, para a autora, pessoas que vivem relacionamentos abusivos ou tóxicos não sentem amor por seus parceiros, mas sim necessidade de controlá-los.

Clareada essa questão individual, neste Capítulo em particular, focamos em problemas e dinâmicas relacionais (e não individuais). Isto é, relacionamento abusivo e relacionamento tóxico são diagnósticos relacionais e não individuais, no qual o paciente é o relacionamento (ou o casal) e não o indivíduo. Sim, o relacionamento pode estar doente ou disfuncional e precisando de avaliação e tratamento específicos, assim como ocorre com um indivíduo.

Embora os conceitos de relacionamento abusivo e relacionamento tóxico já tenham sido citados como sinônimos, são conceitos distintos e abordam dinâmicas relacionais, emocionais e comportamentais diferentes. É importante realizarmos cuidadosamente o diferencial para oferecermos estratégias efetivas para cada problema relacional específico.

O relacionamento abusivo é caracterizado por padrões de controle, manipulação e coerção física, emocional, financeira ou sexual. Nessa dinâmica, geralmente, uma pessoa usa o poder ou a intimidação para dominar e controlar a outra, levando-a a uma situação de sofrimento constante[2,3].

Relacionamento tóxico, por sua vez, é mais amplo que relacionamento abusivo: refere-se a qualquer interação interpessoal que causa sofrimento emocional ou psicológico a longo prazo[2,3]. Os relacionamentos tóxicos não necessariamente incluem agressões (de qualquer tipo), mas sim um padrão recorrente de comportamento tóxico, incluindo comunicação negativa, desrespeito, desvalorização, manipulação emocional, ciúme excessivo e/ou desequilíbrio emocional.

Começando a estudar sobre esse diferencial clínico, com certeza você consegue identificar um exemplo de relacionamento abusivo ou tóxico que conhece (ou conheceu) na sua vida pessoal ou profissional. Descreva aqui e coloque entre parênteses se é abusivo ou tóxico:

____

____

____

____

____

____

____

____

Além dos diferenciais estudados, também existem características comuns entre relacionamento abusivo e relacionamento tóxico, tais como[1,4]:

1) Comportamentos manipuladores e ciúme excessivo;
2) desconfiança constante e falta de apoio emocional;
3) desvalorização e críticas frequentes;
4) negligência emocional;
5) falta de respeito mútuo e empatia;
6) dependência emocional, levando ao desgaste contínuo no vínculo.

A partir desses conceitos iniciais, podemos seguir com objetivo de compreensão clara e prática sobre como identificar estas diferenças (e semelhanças) entre relacionamentos abusivos e tóxicos, além de oferecer propostas de estratégias valiosas para lidar com ambos. Isso ajudará você na avaliação de casos semelhantes e a utilizar o raciocínio clínico para propor estratégias eficazes para ambos os casos.

Estudo de um caso clínico (casal)

Um caso clínico descrito no livro *Toxic Couples: The Psychology of Domestic Violence*, por Anna Motz[5], da psicóloga clínica e forense Anna Motz, ilustra como o abuso emocional e financeiro pode ser central em relacionamentos abusivos.O livro destaca a complexidade das dinâmicas de casais em relacionamentos abusivos, transcendendo a violência física, para abranger padrões de abuso emocional e financeiro.

Neste caso, o parceiro utiliza controle financeiro rigoroso como ferramenta de dominação. A mulher tem acesso limitado a recursos monetários e precisa justificar cada gasto detalhadamente, criando uma relação de dependência e submissão. O controle financeiro também vem acompanhado de abuso emocional, como humilhação verbal, o que reforça a ideia de que ela é "incapaz" de gerir sua própria vida.

Histórico

Motz discute que as experiências de abuso emocional e negligência da "vítima" ao longo da vida influenciam suas escolhas nos relacionamentos adultos. A autora também sugere a existência de padrões de apego inseguro e falta de modelos saudáveis de relacionamento. A mulher, no caso citado, cresceu em um ambiente onde o abuso psicológico era comum, o que a predispõe a aceitar esse comportamento como "normal" em seus relacionamentos.

Essa internalização de padrões negativos, em conjunto com a falta de percepção sobre o que constitui um relacionamento saudável pode dificultar a capacidade da vítima de identificar os abusos que ocorrem em sua relação adulta.

A autora também explora a intersecção entre vulnerabilidade emocional e dependência financeira, observando que, por não ter autonomia financeira suficiente para sair do relacionamento, a situação de abuso fica agravada.

Diagnóstico

Ao longo do relacionamento abusivo, a paciente desenvolve sintomas de ansiedade severa, baixa autoestima e depressão. Ela demonstra comportamentos de isolamento e passa a acreditar que não consegue sobreviver sozinha, mesmo sabendo que o relacionamento a prejudica.

Dinâmica do ciclo de abuso

Esse caso ilustra o padrão cíclico de controle e "reconciliação", em que o agressor alterna entre comportamentos violentos e momentos de falsa generosidade, criando, assim, uma conexão emocional tóxica que dificulta a separação.

Fatores contribuintes

A autora discute como padrões familiares de abuso e negligência emocional contribuem para a construção da "vítima" e para a dificuldade em reconhecer e romper o ciclo.

Tratamento

Anna Motz detalha que o tratamento deste caso requer uma abordagem multifacetada, considerando tanto os aspectos psicológicos quanto práticos da situação, como:

1) Psicoterapia individual: com objetivo de ajudar a vítima a identificar o padrão de abuso e reconstruir sua autoestima, a autora sugere terapia focada no trauma (como EMDR ou TCC) para tratar os efeitos do abuso emocional e financeiro, incluindo explorar como experiências passadas influenciaram na tolerância ao abuso no relacionamento.

2) Fortalecimento da rede de apoio: incentivo à reconexão com amigos e familiares para reduzir o isolamento, o que ajuda a criar um suporte emocional externo ao relacionamento abusivo.

3) Educação financeira e autonomia: intervenções para que ela ganhasse controle financeiro sobre sua vida, incluindo ajuda para criar um plano de independência econômica.

4) Psicoeducação sobre o ciclo de abuso: paciente orientada a compreender as dinâmicas do ciclo de abuso (tensão, explosão, reconciliação) e como isso se repete em seu relacionamento.

5) Considerações legais e de segurança: quando o relacionamento apresenta risco físico, a terapia deve incluir orientações e discussões sobre planos de segurança e busca de ajuda legal.

6) Tratamento do perpetrador (opcional): no caso de abertura, terapias voltadas para o agressor são sugeridas, dependendo da sua disposição para mudança.

Prognóstico

A autora relata que o processo é lento e pode incluir recaídas, mas que, com suporte consistente, é possível alcançar uma qualidade de vida significativamente melhorada, incluindo a reconstrução do senso de valor pessoal, a independência emocional e financeira e o desenvolvimento de habilidades para reconhecer e evitar futuros relacionamentos abusivos.

Levando em conta a sua percepção ou experiência clínica, diante de um caso de relacionamento abusivo, você indicaria as mesmas estratégias propostas por Anna Motz ou as modificaria? Explique como você conduziria:

____

____

____

____

____

____

____

____

____

Dinâmica vítima *vs.* vilão

Do ponto de vista psicológico, a dinâmica vítima *vs.* vilão é característica tanto de relacionamentos abusivos quanto de relacionamentos tóxicos, embora os contextos costumem variar[3,5].

Nos relacionamentos abusivos, o contexto é explícito, sendo que esta dinâmica frequentemente envolve controle extremo, violência (emocional, física, financeira ou sexual) e intimidação, com o agressor assumindo o papel de Vilão ao exercer poder sobre a Vítima, a qual, muitas vezes, permanece presa ao ciclo de abuso devido ao medo, vergonha, culpa, dependência emocional, amor patológico ou dependência financeira. Em estudos, os comportamentos abusivos incluem controle coercitivo, manipulação emocional (como *gaslighting*, que é fazer o outro questionar sua percepção da realidade), exploração financeira e sexual. Por outro lado, a figura do Vilão costuma apresentar comportamentos de domínio, manipulação ou narcisismo, frequentemente associados a traumas ou desordens psicológicas pré-existentes. Alguns estudos teóricos e empíricos sugerem que esta dinâmica é perpetuada devido a ciclos de reforço, como "lua de mel" seguida por abuso. O "ciclo de violência" ou "ciclo do abuso" foi inicialmente identificado e detalhado por Walker[6], que descreveu as fases de abuso, reconciliação ("lua de mel") e tensão. Esse ciclo é particularmente relevante em relacionamentos abusivos, onde o abusador (Vilão) pode prometer mudanças para reconquistar a Vítima, apenas para reiniciar o ciclo do abuso.

Nos relacionamentos tóxicos, a mesma dinâmica ocorre, porém o contexto é mais implícito ou camuflado. Na maior parte dos casos, observamos que os parceiros interagem alternando os papéis de Vítima e Vilão, ou os comportamentos de vitimização e de abuso[7]. Nesses casos, ocorre uma verdadeira "queda de braço" ou atitude predominantemente competitiva dentro do casal: ora um manipula (no papel de Vilão) o outro (que se vitimiza) e, em seguida este dá o troco, fazendo uma cena de ciúme (papel de Vilão) e o outro se sente invadido (papel de Vítima), e assim por diante. Importante salientar que, embora não envolvam necessariamente abuso explícito ou físico, esses relacionamentos podem ser igualmente prejudiciais à saúde física e mental.

Relacionamento abusivo – Fatores de risco

Podemos identificar sinais de abuso por meio da observação dos comportamentos de isolamento, agressões e chantagens emocionais, ou pelas consequências ou impactos físicos, emocionais e psicológicos na vítima.

Os fatores de risco para relacionamentos abusivos são amplamente identificados em alguns estudos e incluem fatores individuais, relacionais, sociais e circunstanciais[5,8,9,10]. Essas fontes são fundamentais para compreender os fatores que contribuem para relacionamentos abusivos e para oferecermos suporte baseado em evidências. Os fatores principais são:

1) Histórico pessoal e familiar:

- Experiências de abuso infantil ou negligência;
- exposição a modelos familiares de abuso (transmissão intergeracional);
- baixa autoestima e dificuldade em estabelecer limites emocionais.

2) Fatores relacionais:

- Desequilíbrio de poder e controle;
- altos níveis de dependência emocional ou financeira;
- comunicação ineficaz e conflitos frequentes;
- fatores sócio-culturais: normas culturais que toleram violência de gênero ou abuso emocional;
- isolamento social ou falta de redes de apoio;
- desigualdade econômica ou pressão social para permanecer em um relacionamento.

3) Fatores psicológicos:

- Problemas de saúde mental (em vítimas e perpetradores), como transtornos de personalidade, depressão ou ansiedade;
- abuso de substâncias, que pode aumentar a propensão à violência.

4) Fator econômico:

- Baixo nível socioeconômico, desemprego ou dependência financeira de um dos parceiros.

Relacionamento abusivo – Avaliação por entrevista

Alguns autores[10,11] identificam as características comuns a este tipo de relacionamento e orientam que estas devem ser investigadas cuidadosamente e em particular com a Vítima para que o abuso seja confirmado. São elas:

1) Violência física ou sexual;

2) controles emocionais e psicológicos, como humilhações, manipulação ou chantagem emocional;

3) isolamento social, impedindo a vítima de interações com amigos e familiares;

4) ameaças verbais ou físicas recorrentes;

5) desvalorizar ou ignorar as necessidades da parceria.

Diante do que estudamos sobre relacionamento abusivo até agora, a característica mais específica e que diferencia este problema relacional do relacionamento tóxico é:

____

____

____

____

____

____

____

____

____

Relacionamento abusivo – Avaliação por instrumentos

Existem instrumentos científicos validados e amplamente utilizados em pesquisas e contextos clínicos para identificar o abuso, cujos resultados podem ser úteis no planejamento de intervenções. Esses instrumentos ajudam a identificar diferentes formas de abuso, incluindo físico, emocional, psicológico, financeiro e sexual. Seguem alguns exemplos:

1) *Conflict Tactics Scale* (CTS)[12]: desenvolvido por Murray A. Straus, este é um dos instrumentos mais usados para avaliar conflitos em relacionamentos e identificar comportamentos abusivos. Ele mede: abuso físico, abuso psicológico, controle coercitivo e respostas à violência.

2) *Psychological Maltreatment of Women Inventory* (PMWI)[13]: analisa abuso emocional e psicológico contra mulheres, medindo fatores como: isolamento, controle e rebaixamento verbal.

3) *Index of Spouse Abuse* (ISA)[14]: identifica abuso físico e não físico em relacionamentos entre homens e mulheres. Contém duas subescalas: ISA-F: físico e ISA-N: não físico (psicológico)

4) *Revised Conflict Tactics Scale* (CTS2)[1]: versão aprimorada do CTS original, que inclui categorias mais detalhadas de abuso: abuso físico e sexual, abuso emocional e controle coercitivo.

5) *Abusive Behavior Inventory* (ABI)[16]: analisa abuso psicológico e físico, especialmente em contextos de violência doméstica.

Relacionamento tóxico – Fatores de risco

Em seu livro *When the People in Your Life Use Fear, Guilt, and Intimidation to Manipulate You*[1], Susan Forward analisa como algumas pessoas usam táticas emocionais, como culpa, medo e ameaças, para controlar a parceria, em seus relacionamentos amorosos-sexuais. No livro, o conceito de "chantagem emocional" é popularizado, sendo hoje amplamente utilizado no campo da psicologia e da psicoterapia, bem como pelo público em geral. Então, os principais fatores de risco que necessitam ser observados pelo clínico em um relacionamento tóxico são: críticas constantes, falta de apoio, drama e chantagem emocional. Ao longo deste tipo de relacionamento, as consequências costumam ser estresse e desgaste emocional.

Relacionamento tóxico - avaliação por entrevista

A avaliação do relacionamento tóxico pode ser feita com base em comportamentos prejudiciais e padrões disfuncionais nas interações entre os parceiros. A literatura destaca os seguintes critérios principais[5,17,18,19]:

1) Falta de respeito mútuo:
- Desprezo por sentimentos, opiniões ou valores do parceiro;
- Comportamentos depreciativos, como insultos, sarcasmo ou zombarias.

2) Competição pelo poder:
- Tentativa de controlar o outro, seja emocional, financeiro ou socialmente;
- Uso de manipulação emocional, como *gaslighting*.

3) Comunicação nociva:
- Discussões frequentes sem acordo;
- evitação ou passividade diante de problemas;
- uso de táticas de culpa ou chantagem emocional.

4) Isolamento:
- Um parceiro desencoraja ou proíbe o outro de manter relações com amigos e familiares;
- Controle sobre atividades e decisões externas.

5) Impacto emocional negativo:
- Sentimentos constantes de ansiedade, depressão, insegurança ou culpa;
- falta de confiança no parceiro.

6) Ciclo de negatividade:

- Episódios de conflito seguidos por períodos de reconciliação que não levam a mudanças reais;
- sensação de estar "preso" na relação.

7) Limites pessoais violados:

- Exigências excessivas de tempo ou de energia;
- desrespeito às necessidades individuais da parceria.

Dentre os sete sinais de relacionamento tóxico, cite três que ficaram mais claros para você, tentando não consultar o texto acima:

1)____

____

2)____

____

3)____

____

Relacionamento tóxico – Avaliação por instrumentos

Não encontramos na literatura questionários especificamente desenvolvidos para avaliar relacionamentos tóxicos, mas existem ferramentas que podem ser adaptadas para este objetivo, pois têm foco na dinâmica emocional disfuncional, manipulação e impacto psicológico, como:

1) *Relationship Assessment Scale* (RAS)[20]: mede a satisfação no relacionamento, podendo ser usado para identificar aspectos tóxicos através de baixos índices de satisfação ou problemas na dinâmica relacional. Inclui itens sobre comunicação, apoio emocional e reciprocidade.

2) *The Toxic Relationship Scale* (TRS)[21]: escala desenvolvida para mensurar características de toxicidade, como: manipulação emocional, desigualdade de poder e conflitos destrutivos e abuso psicológico

3) *Emotional Abuse Questionnaire* (EAQ)[22]: mede fatores frequentemente comuns aos relacionamentos tóxicos, como controle emocional, comunicação negativa e desvalorização e invalidação emocional.

Relacionamento abusivo *vs.* Relacionamento tóxico

Como estudamos no início deste Capítulo, os dois conceitos têm intersecções e diferenciações. Ambos se referem a relações disfuncionais, mas, como mostramos na Tabela a seguir, enquanto relacionamentos abusivos envolvem agressões físicas ou ameaças diretas ou explícitas, os relacionamentos tóxicos incluem comportamentos e mal-estar mais sutis ou implícitos, caracterizados por padrões emocionais negativos, que causam desgaste ao longo do tempo, sem necessariamente envolver violência direta.

Tabela – Diferencial clínico entre relacionamento abusivo e relacionamento tóxico

PROBLEMA RELACIONAL	Relacionamento abusivo	Relacionamento tóxico
DEFINIÇÃO	Relacionamento com uso de violência física, emocional financeira e/ou sexual para controlar ou dominar a parceria.	Relação marcada por constante negatividade, manipulação emocional e falta de apoio em relação ao outro.
DINÂMICA PREDOMINANTE	Controle por meio do medo, de ameaças ou de violência explícita.	Conflitosfrequentes,ciúme, manipulação emocional e falta de confiança.
IMPACTO NA VÍTIMA	Costuma incluir trauma físico ou emocional intensos.	Impacto emocional e estressecontantes,levando ao esgotamento mental e sofrimento psicológico.
EXEMPLO	Ameaças, controles, empurrões ou outros abusos físicos.	Manipulações,chantagens emocionais, egoísmo e outros comportamentos emocionalmente prejudiciais, sem abuso físico.

Propostas de tratamento e estratégias psicoterapêuticas para relacionamentos abusivos

Sugerimos a você a revisão do Capítulo 2 deste Manual, pois é comum a associação entre ciúme patológico e relacionamento abusivo. Stover et al.[11] revisam intervenções baseadas em evidências para violência por parceiros íntimos (IPV), abordando tanto vítimas quanto perpetradores, além de intervenções em casais e crianças expostas. Os autores destacam a eficácia limitada de muitos tratamentos, incluindo modelos em grupo e terapias específicas e indicam o uso de estratégias mais eficazes e adaptadas para diferentes populações afetadas, tais como:

1) Terapias para agressores:

- Modelo de Duluth: grupos focados na responsabilização e reeducação sobre padrões de poder e controle;
- Terapia Cognitivo-Comportamental: em grupo ou individual, com foco em identificar e modificar padrões de pensamento e comportamento abusivo.

2) Intervenções para vítimas:

- Advocacia intensiva em abrigos;
- programas em clínicas pré-natais para vítimas grávidas.

3) Terapias para casais:

- combinada com TCC, mas, segundo os autores, os resultados seriam limitados, devido ao risco de reforçar padrões abusivos.

Propostas de tratamento e estratégias psicoterapêuticas para relacionamentos tóxicos

As estratégias psicoterapêuticas geralmente visam restaurar padrões saudáveis de comunicação, redefinir limites e promover o autoconhecimento de ambas as partes ou ajudar o paciente a decidir se quer manter ou abandonar o relacionamento. As propostas indicadas pela literatura são:

1) Terapia de Casal: pode ajudar os parceiros a identificarem e resolverem padrões tóxicos, promovendo mudanças comportamentais e emocionais. Os objetivos principais são melhorar a comunicação, ensinar técnicas de resolução de conflitos, ajudar a reconstruir confiança e respeito mútuo. As abordagens comuns incluem Terapia Cognitivo-Comportamental de casais (CBCT)[23], que trabalha pensamentos disfuncionais e comportamentos prejudiciais e abordagens baseadas em *Emotionally Focused Therapy* (EFT), que exploram a conexão emocional entre os parceiros.

2) Terapia individual para dependência emocional: terapia individual pode ser indicada para uma ou ambas as partes, especialmente se houver dependência emocional, amor patológico ou traumas preexistentes que influenciem a dinâmica tóxica. Em geral, a observação clínica mostra que, quando um dos indivíduos melhora, se o outro quiser e puder, também melhora e o relacionamento flui de forma mais saudável e satisfatória. O foco principal seria: identificar padrões de apego inseguro, melhorar a autoestima e as habilidades de enfrentamento e favorecer o autoconhecimento, para identificar e tratar os motivos por trás da permanência na relação[24].

3) Educação psicoemocional sobre relacionamentos saudáveis: *workshops* e programas de educação emocional ensinam casais a diferenciarem (e evitarem, respectivamente) padrões saudáveis e tóxicos, com foco em reconhecer sinais de controle, manipulação ou dependência, aprender a estabelecer e manter limites saudáveis e desenvolver habilidades de comunicação assertivas[25].

4) *Mindfulness* e Terapia baseada em Aceitação e Compromisso (ACT)[26]: técnicas de *mindfulness* são úteis para lidar com o estresse causado por relacionamentos tóxicos e para promover escolhas mais conscientes. Os objetivos incluem aumentar a conscientização sobre emoções e padrões comportamentais, reduzir a reatividade emocional e desenvolver a aceitação e a autoempatia.

5) Encerramento de relacionamentos tóxicos: quando a relação não é recuperável, a terapia pode ajudar a pessoa a sair do relacionamento de forma segura e emocionalmente preparada. Para isso, é preciso: fortalecimento emocional e da autoestima, além de estabelecimento de uma rede de apoio para recuperar a autoconfiança em futuras relações[27].

Exemplo de história de casal de sucesso

Histórias de sucesso envolvendo casais que superaram dinâmicas abusivas ou tóxicas geralmente destacam a importância de intervenções terapêuticas, mudanças comportamentais e autodescoberta. Um dos exemplos é o relato de Epstein e Baucom[28], sobre o casal Mark e Sarah (nomes fictícios), que buscou ajuda após anos de conflitos constantes, acusações mútuas e dinâmicas de controle emocional. Mark apresentava comportamentos passivo-agressivos e desvalorizava frequentemente Sarah que, por sua vez, reagia com explosões emocionais e controle excessivo sobre as decisões financeiras da casa. Ambos relataram alto nível de insatisfação, mas desejavam salvar o casamento, dado fundamental para um bom prognóstico. Com a Terapia Cognitivo-Comportamental, três áreas são trabalhadas: reestruturação cognitiva (identificar pensamentos automáticos prejudiciais, como "Ele nunca me ouve" ou "Ela sempre me controla"), melhora na comunicação (técnicas para expressar necessidades sem recorrer a acusações e exercícios para "escuta ativa" e validação emocional), e mudanças comportamentais (metas concretas para reduzir comportamentos tóxicos, como evitar críticas destrutivas ou manipulações e recompensas mútuas para reforçar comportamentos positivos). Após 12 sessões, o casal relata melhoras: Mark começa a se expressar de forma mais aberta, enquanto Sarah aprende a regular suas respostas emocionais; a satisfação no relacionamento aumenta e ambos relataram sentir maior respeito mútuo. Esse caso exemplifica como intervenções específicas podem transformar um relacionamento que parecia irrecuperável, cuja chave para o sucesso foi a motivação do casal em trabalhar junto e implementar as ferramentas aprendidas.

Reflexão e conclusão

Estudamos que, além dos problemas individuais, é preciso estarmos preparados para identificar um relacionamento abusivo ou tóxico, que podem prejudicar a saúde física e mental dos indivíduos. Assim, é importante reconhecer e trabalhar com esses problemas relacionais tão logo sejam identificados. Todas as pessoas que estão se relacionando dessas maneiras prejudiciais, mesmo que não identifiquem problemas individuais em si mesmas, devem buscar ajuda de um especialista, visando recuperar ou promover a saúde relacional antes de maiores prejuízos individuais.

Referências

1) Forward S. Emotional Blackmail: When the People in Your Life Use Fear, Obligation, and Guilt to Manipulate You. HarperCollins; 1997.

2) Walker LE. The Battered Woman. New York: Springer Publishing Company; 1979.

3) Stover CS, Meadows AL, Meadows AL, Bruce MA; 2009.

4) Jordan JJ, Mesquita B. The Dynamics of Emotional Neglect in Long-Term Relationships. Journal of Relationship Research. 2014;10(2):45-56.

5) Motz A. Toxic Couples: The Psychology of Domestic Violence. 1ª ed. Londres: Routledge; 2014.

6) Walker LE. The Battered Woman. New York: Springer Publishing Company; 1979.

7) Jensen JM, Raver JL. It Takes Two to Tango: Victims, Perpetrators, and the Dynamics of Victimization. Industrial and Organizational Psychology. 2018;11(1):45-56.

8) Heise LL. Violence Against Women: An Integrated, Ecological Framework. Violence Against Women. 1998;4(3):262–290.

9) Stith SM, Smith DB, Penn CE, Ward DB, Tritt D. Intimate Partner Physical Abuse Perpetration and Victimization Risk Factors: A Meta-Analytic Review. Aggression and Violent Behavior. 2004;10(1):65-98.

10) World Health Organization (WHO). Violence Against Women: Intimate Partner and Sexual Violence Against Women. 2013. Available from: https://www.who.int/publications-detail-redirect/9789241564625

11) Stover CS, Meadows AL, Kaufman J. Interventions for intimate partner violence: Review and implications for evidence-based practice. Professional Psychology: Research and Practice. 2009;40(3):223–233.

12) Straus MA. Measuring intrafamily conflict and violence: The Conflict Tactics (CT) Scales. Journal of Marriage and the Family. 1979;41(1):75–88.

13) Tolman RM. The development of a measure of psychological maltreatment of women by their male partners. Violence and Victims. 1989;4(3):159-177.

14) Hudson WW, McIntosh SR. The assessment of spouse abuse: Two quantifiable dimensions. Journal of Marriage and the Family. 1981;43(4):873– 885.

15) Straus MA, Hamby SL, Boney-McCoy S, Sugarman DB. The Revised Conflict Tactics Scales (CTS2): Development and preliminary psychometric data. Journal of Family Issues. 1996;17(3):283-316.

16) Shepard M, Campbell J. The Abusive Behavior Inventory: A measure of psychological and physical abuse. Journal of Interpersonal Violence. 1992;7(3):291-305.

17) Ducharme J. Signs You're in a Toxic Relationship and What You Can Do About It. Time Magazine; 2018. Available from: https://time.com/5274206/toxic-relationship-signs-help/

18) Bancroft L. Why Does He Do That? Inside the Minds of Angry and Controlling Men. Berkley Books; 2002.

19) Panchal NS, Jackson C. Toxic Relationships: Symptoms and Psychological Outcomes. Journal of Social Psychology. 2020;160(6):756-764.

20) Hendrick SS. A generic measure of relationship satisfaction. Journal of Marriage and the Family. 1988;50(1):93-98.

21) Wilson LC, Wilson CM. The Toxic Relationship Scale: Development and Preliminary Validation; 2020.

22) Hearn K, Williams R. Emotional Abuse Questionnaire (EAQ): Validation and application to unhealthy relationships. Psychological Assessment Review. 2002;14(3):205–221.

23) Epstein NB, Baucom DH. Enhanced Cognitive-Behavioral Therapy for Couples: A Contextual Approach. Washington, DC: American Psychological Association; 2002.

24) Knudson-Martin C, Huenergardt D. Couple therapy and the transformation of power: Applications of a feminist perspective. Journal of Marital and Family Therapy. 2010;36(2):144-157.

25) Gottman JM, Silver N. The Seven Principles for Making Marriage Work. Nova York: Harmony Books; 1999

26) Hayes SC, Strosahl KD, Wilson KG. Acceptance and Commitment Therapy: An Experiential Approach to Behavior Change. Nova York: Guilford Press; 1999.

27) Lundy B. Why Does He Do That? Inside the Minds of Angry and Controlling Men. Berkley Books; 2002.

28) Epstein NB, Baucom DH. Enhanced Cognitive-Behavioral Therapy for Couples: A Contextual Approach; 2002.

10

UMA PROPOSTA DE AMOR SAUDÁVEL

Amor verdadeiro é quando o outro cresce ao seu lado,
e não à custa de você.
(Brené Brown)

Conceituação preliminar

Agora que aprendemos sobre cada um dos problemas amorosos-sexuais em específico, sejam eles individuais, relacionais ou causados pelo outro, fica mais fácil levantarmos propostas de amor saudável, que é o objetivo final da nossa atuação clínica com relacionamento amoroso-sexual.

Como visto neste Manual, existem diversas formas de se relacionar e devemos estar abertos para receber e ajudar nossos pacientes a sentirem-se felizes. Além dos relacionamentos estarem mais diversos e fluidos em suas posturas e atitudes, cada relacionamento tem uma forma única de ocorrer em decorrência da relação ser construída por pessoas diferentes, e tudo isso é esperado e saudável!

Neste contexto e com uma postura aberta, inclusiva e livre de preconceitos, a qual é necessária para o clínico, de modo geral, e, principalmente, na área relacional, trazemos aqui uma proposta prática e viável de amor saudável que, de acordo com o a literatura e a experiência clínica, pode contribuir para que os nossos pacientes, nós mesmos ou nossas parcerias usufruam de uma vida amorosa-sexual satisfatória.

A nossa ajuda é urgente! Existem muitas pessoas em sofrimento e pouquíssimos profissionais da área da saúde capacitados. Você já está fazendo isso agora. Parabéns pela sua escolha! Nossos pacientes merecem um relacionamento saudável, onde o dar e receber sejam proporcionais e recíprocos, começando este aprendizado na relação terapeuta-paciente. Recebendo a confiança de seu paciente, o psicoterapeutra deve estar aberto e preparado para ajudá-lo nesta passagem para o que ele mais almeja: o amor saudável.

Além dessa ajuda individual, você já parou para pensar no impacto social da nossa atuação clínica nos problemas amorosos-sexuais? É incrível pensar que, auxiliando uma pessoa com problema de relacionamento, o reflexo é imediato tanto na saúde mental dessa pessoa, como de sua parceria e de seus familiares.

E tem muito mais! Contribuindo para encerrar a maneira patológica de um casal se relacionar, estamos contribuindo para interromper um sofrimento familiar transgeracional, ou seja, que vem se repetindo de geração em geração de casais e famílias presos no sofrimento e na transmissão de modelos patológicos de amor para as próximas gerações. Por outro lado, os filhos gerados por um relacionamento saudável, em vez de incorporar maneiras de se relacionar ansiosas ou ambivalentes, com sentimentos de rejeição, de tristeza, de culpa e de raiva, passam a ter a oportunidade de incorporar e vivenciar relações satisfatórias.

Então, prepare-se para um trabalho grandioso, que vai além do tratamento individual de seus pacientes e assume a função maior de estar capacitado para atuar como um agente individual, social e preventivo para as futuras gerações!

Fatores predisponentes para o amor saudável

Psicodinâmico

Na frase inicial deste Capítulo[1], a pesquisadora Brené Brown, referência global na área da saúde mental, comportamento humano, empatia e liderança, presenteia-nos com a sua proposta prática para construção de um amor saudável. A frase mostra que a direção da proposta deve ser para um equilíbrio entre os parceiros, isto é, imaginando uma balança ou uma gangorra; a proposta psicodinâmica para um amor saudável é aquela onde os parceiros, na maior parte do tempo, estão posicionados lado a lado ou de igual para igual.

Ao contrário da relação mãe-filho, professor-aluno, chefe-funcionário, médico-paciente, em que é esperada uma certa verticalidade e hierarquia, já que um detém maior conhecimento e/ou experiência do que o outro, em um relacionamento amoroso vertical, os parceiros já "entram no campo" para competir, se desgastar e perder. Precisamos estar atentos à importância dessa questão psicodinâmica para uma proposta de amor saudável, a qual requer uma dinâmica horizontal entre os parceiros, para que ambos se sintam "no mesmo time", para que, juntos, aproveitem os momentos prazerosos a dois e busquem a solução para as divergências esperadas.

Assim, chamamos a relação em equilíbrio de horizontal, pois os parceiros estão próximos e alinhados, diferentemente do que ocorre nos problemas amorosos-sexuais, onde a relação costuma ocorrer na vertical, de cima para baixo, de modo que os parceiros estão distantes, em guerra e competindo pela "melhor" posição. As posturas e comportamentos (patológicos) de se colocar abaixo (submissão, dependência), delegando ao outro suas responsabilidades individuais, ou acima (dominação, controle), cobrando do outro assumir a sua função psicológica adulta de cuidar de suas vulnerabilidades, em princípio, já inviabilizaria o resultado da proposta — otimista! — deste Capítulo.

Psicológico

Além do conceito psicodinâmico, a pesquisa e abordagem prática de Brené têm inspirado milhões de pessoas a abraçar a vulnerabilidade para viabilizar relacionamentos saudáveis e verdadeiros. Em seu livro "A coragem de ser imperfeito"[1], esta autora desafia o conceito errôneo comum de que a vulnerabilidade é uma fraqueza e, ainda, a utiliza como uma estratégia psicológica essencial para estabelecer uma conexão verdadeira (de amor saudável) entre os parceiros.

Em direção ao amor saudável, logo na primeira sessão em nossa prática clínica, a qual pessoalmente denomino avaliação diagnóstica, após avaliar algum dos problemas amorosos-sexuais estudados neste Manual, clareamos sobre o problema e sua causa. Em seguida, lançamos mão da proposta sobre a vulnerabilidade, para que os pacientes já participem ativamente do processo, assumindo a responsabilidade (adulta) de escolher entre: se encorajar a expor a sua vulnerabilidade (no *setting* terapêutico e depois no relacionamento), o que será mais difícil, mas viabilizará trabalhar aspectos necessários para um amor saudável; ou manter a sua proposta atual (que nunca funcionou) de esconder a sua vulnerabilidade impossibilitando, assim, relacionamentos satisfatórios e duradouros.

Diante dessa proposta clara e objetiva, o lado saudável da grande maioria dos pacientes costuma se encorajar e (co)responder ao que os pacientes realmente desejam: em quase 30 anos de atendimento clínico, a enorme maioria tem decidido pela primeira opção, isto é, trabalhar a sua vulnerabilidade. Além disso, em geral, relatam esperança e motivação para o processo psicoterápico e para melhorar os seus relacionamentos.

Além disso, a partir dessa decisão e posicionamento no *setting*, os pacientes nos autorizam a ajudá-los a "pescar" os seus recursos internos (que todos nós temos!) para lidar com as suas vulnerabilidades e, assim, fortalecidos e amadurecidos, passam a utilizar tais recursos e voltam a tomar decisões e atitudes concretas para favorecer a sua qualidade de vida individual, relacional e sexual.

Neurobiológico

Com metodologia baseada em neuroimagem (ressonância magnética), a pesquisa *Reward, Addiction, and Emotion Regulation*

Systems Associated With Romantic Love, conduzida pelos importantes estudiosos Fisher et al.[2], explora os sistemas cerebrais de 17 indivíduos vivenciando um amor romântico saudável e conclui que o amor saudável ativa sistemas cerebrais semelhantes aos envolvidos em recompensas naturais, como comida, vida social e atividade sexual. São eles:

1) Sistema de recompensa e dopamina

O amor saudável ativa o sistema de recompensa do cérebro, principalmente o núcleo accumbens e o estriado ventral, relacionados à liberação de dopamina, que alavanca sentimentos de prazer e motivação, além de estar associada à formação de vínculos emocionais e ao entusiasmo nas interações com a parceria.

2) Ocitocina e vasopressina

A ocitocina — conhecida como o hormônio do "apego" — é liberada durante o contato físico, como abraços, beijos e relações sexuais, além de fortalecer os vínculos de confiança e conexão emocional. Já a vasopressina está relacionada com a formação de vínculos duradouros e a sensação de compromisso.

3) Áreas corticais e tomada de decisão

Algumas áreas do cérebro, como o córtex pré-frontal, são essenciais para o controle de impulsos, empatia e avaliação de comportamentos. Em um amor saudável, essas áreas são importantes para ajudar a controlar reações emocionais e promover resolução de conflitos.

4) Redução da atividade na amígdala

A amígdala, associada ao medo e à ansiedade, apresenta menor atividade em pessoas em relacionamentos estáveis e saudáveis, dado que sugere um efeito calmante no amor saudável.

5) Serotonina

Níveis equilibrados de serotonina contribuem para a estabilidade emocional e o bem-estar do amor saudável, diferentemente do que ocorre no amor obsessivo ou patológico, que pode mostrar desequilíbrios.

6) Hormônios do estresse

Um amor saudável ajuda a regular os níveis de cortisol (hormônio do estresse), promovendo maior resiliência em situações desafiadoras.

Amor saudável - Avaliação das atitudes e fatores inerentes

Embora a literatura científica geralmente se concentre em atitudes e fatores característicos de relacionamentos problemáticos, existem estudos que exploram as características do amor saudável. Por exemplo, o artigo "Representação Social do Relacionamento Amoroso Saudável"[3], da Universidade de Goiás, investiga a percepção social de um relacionamento amoroso saudável analisando 80 pessoas, maior parte mulheres (65%), entre 18 e 77 anos (M = 29,30; DP = 12,90) e a maioria (63,75%) em um relacionamento amoroso. Por meio de um teste de evocação de palavras e de uma questão aberta sobre relacionamentos, o autor conclui que o respeito é a característica principal de um relacionamento amoroso-sexual saudável, seguido do amor, do companheirismo e da confiança. Constata-se também que existe uma ideia do relacionamento saudável como aquele que necessariamente não é abusivo.

Portanto, nossa proposta neste Capítulo já toma forma mais aprofundada, mostrando que, durante o processo de psicoterapia, tendo a clareza que amor é importante, mas não o suficiente, é preciso trabalhar com foco nesta ampliação e desenvolvimento das demais características inerentes ao amor saudável. Na prática, quando surgem no *setting* temas ou situações reais, onde se observa falta de respeito, companheirismo e/

ou confiança no casal, trata-se de uma oportunidade para trabalhar esses fatores, necessários para a efetividade do processo de psicoterapia de nossos pacientes.

Refletindo sobre esses fatores de suma importância, quais estratégias ou técnicas você utilizaria para favorecer cada um destes outros fatores? Deixe aqui uma proposta para você incorporar e facilitar a sua prática clínica com todos os fatores:

1) Respeito: ____

2) Companheirismo: ______________________________________

3) Confiança: ____

Uma proposta de sucesso

A literatura, juntamente com a experiência clínica, reforça que relacionamentos saudáveis requerem uma combinação de coragem para nos mostrarmos como realmente somos (ou nossa vulnerabilidade), empatia para entender o outro e estabelecer limites para proteger o respeito mútuo[1,2].

Para Brown[1], a coragem de ser vulnerável é a característica essencial para estabelecer e manter conexões amorosas significativas, habilidade que deve ser trabalhada em processos de fortalecimento emocional. Esta e outras características formam uma proposta de amor saudável, que passamos a detalhar a seguir:

1) Vulnerabilidade como base do vínculo amoroso

O vínculo amoroso genuíno entre dois parceiros só é possível quando ambas estão dispostas a se mostrar como realmente são, com suas falhas, medos e imperfeições, pois a vulnerabilidade cria espaço para a confiança e a intimidade, enquanto a tentativa de esconder ou mascarar fraquezas pode levar à desconexão.

2) Vergonha e medo controlados

Todos nós sentimos vergonha ou medo de perder em situações pontuais ou em ameaças reais. Porém, em excesso, a vergonha — medo de não sermos dignos de amor e pertencimento — seria um dos maiores bloqueios para relacionamentos verdadeiros. Quando permitimos que a vergonha ou o medo de rejeição nos impeça de sermos autênticos, construímos barreiras que dificultam a conexão com os outros.

3) A coragem de ser imperfeito

Relacionamentos saudáveis exigem que as pessoas aceitem e valorizem a humanidade (ou imperfeições) em si próprio e no outro, sem expectativas de perfeição.

4) Limites e respeito

Brown aponta que relacionamentos saudáveis não são baseados apenas em vulnerabilidade, mas também na definição de limites claros. Ser vulnerável não significa tolerar desrespeito ou renunciar a suas próprias necessidades e valores. O respeito mútuo é essencial[3].

5) Diálogo franco e empático

A comunicação honesta é fundamental, incluindo a expressão de emoções difíceis e a abertura para ouvir o outro com franqueza e compaixão, sem julgamento ou reação defensiva.

6) "Pessoas dignas de confiança"

Ser vulnerável no amor saudável não significa expor tudo, mas, sim, expor o que é importante para o relacionamento a uma pessoa digna de confiança, ou seja, escolhida cuidadosamente para compartilhar a vulnerabilidade. Relacionamentos verdadeiros são construídos com pessoas que demonstram ser confiáveis ao longo do tempo.

7) O papel do pertencimento

Relacionamentos saudáveis permitem que as pessoas sejam quem realmente são, que se posicionem na relação da qual fazem parte, sem a necessidade de se moldar para agradar ou se encaixar.

Estratégias diárias para manter e fortalecer relacionamentos saudáveis

Alguns pesquisadores e terapeutas de casais orientam práticas diárias para manter e fortalecer o amor saudável. Com base em evidências da literatura sobre relacionamentos, psicologia positiva e neurociência, as principais práticas recomendadas são[4,5,6,7]:

1) Praticar a comunicação aberta e empática

- Orientação: dediquem tempo para conversas diárias significativas, onde ambos possam compartilhar pensamentos, emoções e experiências sem medo de julgamento.
- Benefício: fortalece a confiança, a compreensão mútua e evita conflitos mal resolvidos.
- Dica prática: use a técnica da escuta ativa, repetindo o que o outro disse antes de responder, para garantir que a mensagem foi compreendida.

1) Demonstrar gratidão constantemente

- Orientação: expressem apreciação por gestos, qualidades ou esforços do parceiro(a), mesmo em pequenas coisas.
- Benefício: reforça o vínculo emocional e ajuda a manter uma perspectiva positiva sobre o relacionamento.
- Dica prática: antes de dormir, compartilhem algo pelo qual são gratos naquele dia.

2) Estabelecer tempo de qualidade juntos

- Orientação: planejem atividades que ambos gostem, como praticar um esporte, cozinhar, assistir a uma série ou caminhar juntos.
- Benefício: reforça a conexão emocional e cria memórias positivas compartilhadas.
- Dica prática: estabeleçam uma "noite de encontro" semanal, mesmo que simples, como um jantar em casa com algo especial.

3) Manter o contato físico

- Orientação: incluam abraços, beijos e toques no cotidiano.
- Benefício: aumenta a produção de ocitocina, o "hormônio do vínculo", promovendo sensação de segurança e intimidade.
- Dica prática: um abraço de 20 segundos pode ser um poderoso conector emocional.

4) Praticar a resolução saudável de conflitos

- Orientação: compartilhem conflitos com calma, focando na resolução, em vez de apontar culpados.
- Benefício: evita o acúmulo de mágoas e constrói uma dinâmica de confiança.
- Dica prática: use frases como "Eu sinto..." em vez de "Você sempre...", para evitar tom acusatório.

5) Manter a individualidade

- Orientação: apoiem-se mutuamente em *hobbies*, interesses e metas individuais.
- Benefício: reduz a dependência e promove crescimento pessoal, o que ajuda a manter um relacionamento saudável.
- Dica prática: incentivem-se a dedicar tempo aos próprios interesses e amigos.

6) Praticar a generosidade emocional

- Orientação: mostrem disposição em fazer pequenas concessões e gestos de amor, sem esperar algo em troca.
- Benefício: cria um ciclo de bondade mútua e reforça o senso de parceria.
- Dica prática: surpreenda o(a) parceiro(a) com algo que ele(a) goste, como um bilhete carinhoso ou seu doce favorito.

7) Manter o humor e a leveza

- Orientação: incluam momentos de diversão e risadas na rotina.
- Benefício: ajuda a aliviar tensões e cria uma atmosfera positiva.
- Dica prática: compartilhem histórias engraçadas ou assistam a algo que os faça rir juntos.

8) Planejar o futuro juntos

- Orientação: conversem sobre objetivos de longo prazo e sonhos compartilhados.
- Benefício: reforça o senso de parceria e propósito no relacionamento.
- Dica prática: façam uma lista de sonhos ou planos que desejam realizar juntos.

9) Expressar o perdão

- Orientação: perdoar genuinamente pequenos erros e trabalhar para superar mágoas maiores.
- Benefício: libera o relacionamento do acúmulo de ressentimentos.
- Dica prática: tenham conversas abertas após desentendimentos, desentendimentos, buscando um acordo que ambos aceitem.

Exemplo de história de sucesso

As publicações do casal John e Julie Gottman sobre relacionamentos e casais são amplamente reconhecidas na psicologia dos relacionamentos. Em um dos livros mais importantes[4], descrevem ideias e práticas que sustentam o relacionamento deles que é, de fato, um exemplo notável de parceria e respeito mútuo, frequentemente citado como um modelo de relacionamento saudável. Interessante que o casal não apenas compartilha uma vida juntos, mas também dedica suas carreiras ao estudo das dinâmicas de relacionamento, trabalhando lado a lado para entender o que torna um relacionamento duradouro e satisfatório.

Início da história

John e Julie se conheceram em um ambiente acadêmico e logo começaram a colaborar em projetos de pesquisa. Ambos eram especialistas em psicologia, John focado em áreas como comportamento emocional e interações sociais e Julie especializada em terapia de casais e psicologia aplicada. O primeiro contato deles foi em uma colaboração profissional, que se transformou em uma amizade e, posteriormente, em um relacionamento amoroso. Essa base de amizade genuína é um dos pilares que, segundo os próprios Gottman, sustentam seu relacionamento. Este dado confirma o achado do criador da Teoria dos estilos de amor, John Lee, que identificou os seis estilos de amor e denominou o estilo de amor Estorge como aquele que surge a partir de uma longa amizade o qual, de fato, é um estilo de amor saudável[9,10].

Base emocional sólida

O relacionamento deles é um exemplo claro de que a amizade é essencial em um casamento saudável. Eles frequentemente enfatizam que a amizade profunda entre parceiros cria a base para a confiança e o respeito necessários para que o amor floresça e resista aos desafios da vida. Eles praticam o que chamam de "construção de um fundo de conhecimento emocional" — isto é, estarem profundamente conectados aos sentimentos, pensamentos e desejos um do outro.

John e Julie sempre demonstraram grande respeito um pelo outro, tanto como indivíduos quanto como profissionais. Eles têm uma comunicação aberta, sendo capazes de discutir seus sentimentos, medos e alegrias sem medo de julgamentos ou críticas destrutivas. Para os Gottman, a comunicação eficaz é um fator crucial em qualquer relacionamento. Em suas pesquisas, eles identificaram que casais que têm uma comunicação aberta, onde ambos se sentem ouvidos e compreendidos, têm muito mais chances de resolver conflitos de maneira saudável.

Apoio mútuo e cumplicidade

Outro aspecto importante do relacionamento deles é o apoio mútuo, tanto no nível pessoal quanto profissional. Julie, por exemplo, tem sido uma parceira essencial no desenvolvimento da "Teoria do Amor Duradouro", e suas contribuições para a pesquisa são amplamente reconhecidas. Eles trabalharam juntos para criar o que é conhecido como o *Love Lab*, um centro de pesquisa na Universidade em Washington, onde eles estudaram as interações de casais e descobrem padrões de comportamentos que trazem longevidade aos relacionamentos[11].

O fato de eles conseguirem equilibrar a vida pessoal e profissional é uma das chaves para o sucesso de seu casamento. Julie tem falado em diversas entrevistas sobre como o apoio de John é fundamental em sua própria carreira e como ele a incentiva a buscar seus próprios objetivos e interesses, sem a pressão de ser apenas "a mulher de John Gottman".

Enfrentando desafios juntos

Como qualquer casal, John e Julie enfrentaram desafios ao longo do relacionamento. No entanto, o que os torna um exemplo de relacionamento saudável é a forma como abordam esses desafios. Eles aplicam as técnicas de resolução de conflitos que desenvolvem em suas pesquisas ao seu próprio casamento. John frequentemente fala sobre como eles utilizam a cura dos "buracos" emocionais" um conceito central em sua teoria, no qual as pequenas crises no relacionamento são entendidas como sintomas de alguma vivência mais profunda, de modo que essas causas precisam ser analisadas, identificadas e curadas com gestos de carinho e compreensão evitando, assim, que se tornem problemas maiores no futuro.

Eles também enfatizam a importância de se apoiar emocionalmente, especialmente em momentos de estresse ou adversidade. Isso significa ser vulnerável um com o outro, compartilhando frustração ou insegurança, mas sempre com o compromisso de entender e apoiar o parceiro, sem recorrer à crítica destrutiva.

Senso de humor e alegria compartilhada

Além do respeito mútuo e do apoio emocional, John e Julie também têm um senso de humor compartilhado que os aproxima ainda mais. Eles frequentemente mencionam como o riso é um ingrediente importante em seu relacionamento, permitindo que enfrentem as dificuldades da vida com leveza e conexão emocional.

Práticas cotidianas que mantêm o amor saudável

O relacionamento deles também é caracterizado por pequenas práticas cotidianas que mantêm a conexão entre eles viva. John e Julie praticam o que chamam de "rituais de conexão", como fazer caminhadas juntos, conversar sobre o dia ou até mesmo compartilhar momentos tranquilos sem pressa. Essas pequenas atitudes de carinho e atenção contribuem para um vínculo profundo e duradouro.

O reflexo do amor saudável na vida sexual do casal

Em termos de suas próprias experiências, John e Julie enfatizam a importância de "rituais de conexão" e "momentos de carinho" como formas de manter uma intimidade profunda, o que pode incluir, mas não se limita, ao sexo. O foco deles está na criação de um ambiente emocional de apoio e compreensão, onde a intimidade física pode ser uma consequência natural dessa conexão emocional.

Ainda, os Gottman frequentemente discutem como a qualidade da comunicação afeta diretamente a satisfação sexual dos casais. Um dos princípios centrais da teoria do casal é a ideia de *bonds of trust* (laços de confiança), que inclui o aspecto da intimidade sexual. Eles sugerem que a confiança e a comunicação aberta sobre desejos, limites e expectativas podem melhorar a vida sexual de um casal. Casais que têm uma comunicação saudável e que se sentem emocionalmente seguros tendem a ter uma vida sexual mais satisfatória.

Por fim, vale enfatizar que, enquanto eles não fazem muitos relatos pessoais sobre sua própria vida sexual, o trabalho deles sugere que um relacionamento sexual saudável é construído em um ambiente de respeito mútuo, de empatia e com uma comunicação aberta e honesta. Assim, fica clara a necessidade de auxiliarmos nossos pacientes a desenvolver primariamente uma base de amor saudável para viabilizar a construção de uma vida sexual saudável.

Conclusão

O relacionamento de John e Julie Gottman é uma combinação de amizade, respeito, comunicação aberta, apoio mútuo e prática consciente e recíproca de cuidar um do outro. Eles mostram que um relacionamento saudável não é perfeito, mas sim sustentado por empenho mútuo e pela disposição de cultivar o amor, a confiança e a parceria ao longo do tempo. A teoria que eles desenvolveram não é apenas uma abstração acadêmica, mas uma prática de vida que tem sido fundamental para o sucesso e longevidade de seu próprio relacionamento e que, sem dúvida, serve de modelo para outros casais interessados na construção de um amor saudável.

Reflexão final

Ao longo desta jornada de aprendizado pelo primeiro *Manual dos problemas amorosos-sexuais*, caracterizamos cada quadro em particular, diferenciamos dos demais e fornecemos estratégias práticas e específicas de atuação clínica e tratamento. Além desses problemas individuais e da violência doméstica, estudamos os problemas de relacionamento tóxico e abusivo, chegando no objetivo maior de todos nós: o amor saudável.

À medida que concluímos este estudo juntos, quero convidar você a refletir sobre a responsabilidade e o impacto que você pode ter no mundo à sua volta. Vivemos em uma sociedade onde os relacionamentos desempenham um papel central em nossa saúde emocional, bem-estar e felicidade. Contudo, muitos desses relacionamentos ainda geram sofrimento e prejuízos significativos para a qualidade de vida do indivíduo (e da parceria), devido a barreiras emocionais, neurológicas ou familiares.

Como profissionais da área da saúde, educadores e favorecedores do bem-estar humano, temos a oportunidade de ser agentes de mudança. Não se trata apenas de teorias ou técnicas, mas da criação de um ambiente onde os indivíduos possam amadurecer em seus relacionamentos, construindo vínculos baseados em respeito, confiança e intimidade genuína. Cada interação, cada orientação, cada sessão de terapia, cada conhecimento compartilhado contribui para uma sociedade mais saudável, mais empática e mais equilibrada.

Promovendo uma cultura de conexão saudável

O verdadeiro impacto da nossa atuação clínica não se limita às fronteiras do consultório, da sala de aula ou dos espaços formais de intervenção. Está nas pequenas ações cotidianas, nas palavras de empoderamento e nas estratégias práticas que oferecemos para ajudar indivíduos e casais a fortalecerem sua vinculação e resolverem conflitos que geram grande sofrimento. É nosso compromisso oferecer uma educação que não apenas ensine, mas que também inspire a empatia, o cuidado e o respeito mútuo.

Encorajo você, leitor(a), a ser um defensor da saúde relacional e sexual, a espalhar as sementes do respeito, da empatia e do diálogo, e a utilizar seus conhecimentos adquiridos nesta leitura para auxiliar aqueles que buscam construir relações mais saudáveis. Que sua prática profissional seja um reflexo do conceito fundamental humano de que cada pessoa merece ser amada, respeitada e aceita, tanto em seu relacionamento amoroso-sexual quanto em sua jornada pessoal.

O poder da mudança

Cada um de nós tem o poder de fazer a diferença. Quando você se dedica à promoção de relacionamentos saudáveis, você não está apenas ajudando indivíduos a se sentirem mais satisfeitos e felizes em suas relações, mas também contribuindo para uma cultura de maior conexão saudável e segura dentro dos casais e ajudando a interromper sofrimentos familiares transgeracionais. Você está participando ativamente de uma transformação social que pode beneficiar futuras gerações, prevenindo que modelos patológicos de se relacionar continuem a ser incorporados, e criando uma base saudável para um mundo onde o amor, a empatia e o respeito sejam os pilares de todos os relacionamentos.

Conclusão final

Um caminho de esperança e crescimento

Em sua jornada profissional e pessoal, a construção de relacionamentos saudáveis é um processo contínuo. Não há fórmulas mágicas, mas existe, sim, a possibilidade de transformação — e você é uma peça fundamental nesse processo. Se cada um de nós agir com empatia, conhecimento teórico-prático e uma visão clara de como construir pontes entre as pessoas, estaremos não apenas promovendo a saúde relacional e sexual, mas também oferecendo um legado de amor verdadeiro e sustentável.

Que sua atuação seja uma fonte de inspiração, encorajando outros a seguir esse caminho de cuidado recíproco e empatia. E que, ao final, possamos olhar para trás com orgulho, sabendo que contribuímos para a criação de um mundo onde os relacionamentos amorosos-sexuais são espaços de crescimento, prazer e, acima de tudo, respeito.

Agora, é hora de agir. O futuro dos relacionamentos depende de cada um de nós. Vamos ser os agentes da mudança. Vamos cultivar, com carinho e dedicação, um mundo mais pleno de conexões verdadeiras e saudáveis. O mundo precisa de você. E você tem as ferramentas para fazer a diferença.

Acredite no poder da transformação. Acredite no poder do amor.

Referências

1) Brown BA. Coragem de Ser Imperfeito: Como aceitar suas vulnerabilidades, vencer a vergonha e ousar ser quem você é. Galvão ME, translator. Rio de Janeiro: Sextante, 2013.

2) Fisher HE, Brown LL, Aron A, Strong G, Mashek D. Reward, Addiction, and Emotion Regulation Systems Associated With Romantic Love. Philosophical Transactions of the Royal Society B: Biological Sciences 2010;365(1533):2081–2093.

3) Costa NBA, Modesto JG. Representação social do relacionamento amoroso saudável. Revista de Psicologia da IMED. 2020;12(1):100-115.

4) Gottman JM, Silver N. The Seven Principles for Making Marriage Work: A Practical Guide from the Country's Foremost Relationship Expert. Harmony Books; 2015.

5) Johnson SM. Hold Me Tight: Seven Conversations for a Lifetime of Love. Little, Brown Spark; 2013.

6) Seligman MEP. Flourish: A Visionary New Understanding of Happiness and Well-being. Atria Books; 2011.

7) Emmons RA, McCullough ME. Counting Blessings Versus Burdens: An Experimental Investigation of Gratitude and Subjective Well-Being in Daily Life. Journal of Personality and Social Psychology. 2003;84(2):377–389

8) Barelds DPH, Dijkstra P. Humor in Romantic Relationships: A Meta-Analysis. Journal of Research in Personality. 2011;45(1):97–102.

9) Lee JA. A typology of styles of loving. *Pers Soc Psychol Bull*. 1977;3:173-82.

10) Sophia EC. Amor patológico: aspectos clínicos e de personalidade. Dissertação de Mestrado. São Paulo: Universidade de São Paulo; 2008.

11) Gottman JM, Silver N. What Makes Love Last? How to Build Trust and Avoid Betrayal. New York: Simon & Schuster; 2015.

Anotações

Construindo ideias
e conectando mentes

Este livro foi composto com as tipografias
Electra LT Std e Catamaran, em abril de 2025.